LE NOUVEL édito

Niveau B1

Cahier d'exercices

Élodie Heu

Marion Perrard

didier

SOMMAIRE

Unité 1 Vivre ensemble

Dossier 1 Sous le même toit ..... p. 3

Dossier 2 À table ! ..... p. 8

Unité 2 Au travail !

Dossier 1 Ça va les études ? ..... p. 16

Dossier 2 À chacun son métier ..... p. 21

Unité 3 Faites passer le message !

Dossier 1 C'est d'actualité ..... p. 32

Dossier 2 Tous en ligne ! ..... p. 36

Unité 4 Entre nous...

Dossier 1 C'est de famille ..... p. 46

Dossier 2 Affaires de cœur ..... p. 51

Unité 5 À l'horizon

Dossier 1 Bon voyage ! ..... p. 59

Dossier 2 Bonne route ! ..... p. 63

Unité 6 Du nécessaire au superflu

Dossier 1 Consommer et jeter ..... p. 72

Dossier 2 À loisirs ..... p. 76

Unité 7 Tous citoyens !

Dossier 1 Engageons-nous ! ..... p. 86

Dossier 2 Rendre justice ..... p. 90

Unité 8 Perles de culture

Dossier 1 L'amour de l'art ..... p. 99

Dossier 2 La belle Histoire ..... p. 105

Unité 9 Ainsi va le monde !

Dossier 1 Vivre l'Europe ..... p. 113

Dossier 2 Si loin, si proches ..... p. 117

CORRIGÉS ..... p. 125

Les Éditions Didier, Paris 2012
ISBN : 978-2-278-07280-4
Dépôt légal : 7280 / 07 - 8694 / 01
Achevé d'imprimer en Italie par LEGO en février 2016

VIVRE ENSEMBLE

Dossier 1 Sous le même toit

[LE LOGEMENT] p. 16

1 Dans quelle pièce de la maison se trouvent ces éléments ? Placez-les dans la bonne colonne.

Wasserkessel Tischlampe Tischdecke

L'armoire (× 2) – La bouilloire – La couverture – La lampe de chevet – La nappe –
Le clic-clac – Le dentifrice – Le drap – Le fauteuil – Le savon (× 2) – Le tapis (× 2)

Schlafsofa Zahnpasta Laken

La chambre	La cuisine	La salle de bain	Le séjour
l'armoire	la bouilloire	le dentifrice	l'armoire
la couverture	le savon	le savon	le tapis
le drap			la nappe
le tapis			le clic-clac
la lampe de chevet			le fauteuil

[LE LOGEMENT] p. 16

2 Trouvez un équivalent aux mots en gras. Choisissez dans la liste suivante : ***acheter / aménager / déménager / emménager / louer / rénover*.**

a. Julie vient de **s'installer** → emménager dans la maison de ses rêves.

b. Ce grand amateur de ski voudrait **faire l'acquisition d'** → acheter un chalet dans les Alpes.

c. Flore est architecte d'intérieur ; elle veut **meubler** → aménager sa maison comme un palais oriental.

d. Léo va **occuper** → louer ce studio à partir du mois prochain. Son loyer sera peu élevé.

e. On doit **faire des travaux dans** → rénover notre nouvel appartement.

f. À cause de son nouveau travail, Paul doit **changer de logement** → déménager et vivre à Paris.

[LE LOGEMENT] p. 16

3 Complétez le texte avec les mots suivants : *résidence universitaire / propriétaire / locataire / logement / loyer / appartement.*

Si vous êtes étudiant et que vous souhaitez bénéficier de l'aide au logement, il faut être locataire . Il peut s'agir d'un studio, d'un appartement, d'une maison ou d'une chambre en résidence uni. L'aide est versée au propriétaire qui la déduit de votre loyer . Le montant de l'aide varie en fonction de différents critères (montant du loyer, ressources, situation familiale...).

[LE LOGEMENT] p. 16

4 Déchiffrez une annonce de logement. Lisez l'annonce puis complétez les phrases avec les mots suivants : *salle de bains / balcon / loyer / chambres / lumineux / séjour / à proximité / étage / pièces / ascenseur / mètres / charges / équipée / douche.*

> **Bihorel (76420)**. Appt F3 88 m², 2 chb, gd séj très clair, cuisine aménagée, sdb avec dch. Vue dégagée, porte fenêtre sur balc de 4 m². Au 5e, ss asc. Proche commerces 5 mn à pied. Lib au 31/07. 640 €/mois cc. (réf. 752/B376). **Tel 02.35.60.67.77**.

a. C'est un appartement de trois pièces . Il y a deux chambres , un grand séjour et une cuisine équipée . La salle de bain est équipée d'une douce .

b. Le séjour est lumineux.

c. Il y a un petit balcon de quatre mètres carrés.

d. L'appartement est situé au 5e étage sans ascenseur.

e. L'appartement se trouve à proximité des commerces.

f. Les charges sont comprises dans le loyer mensuel.

[LE LOGEMENT] p. 16

5 Remettez les phrases dans l'ordre pour reconstituer cet email.

a. Nous souhaiterions emménager dans ce logement à partir du 15 septembre si c'est possible.

b. Cordialement,

c. Est-ce suffisant ?

d. Nous sommes très intéressées par un appartement en colocation, référence 71.

e. Nous venons de consulter les petites annonces sur le site de votre agence immobilière.

f. Nous vous prions d'accepter nos sincères remerciements.

g. Barbara Timmer et Eve Malagody

h. Nous sommes deux étudiantes étrangères inscrites à l'université Rennes 4.

i. Malheureusement, le montant du loyer n'est pas précisé sur l'annonce.

j. Madame, Monsieur,

k. Notre budget maximum par personne est de 200 euros.

1 → j ; 2 → h ; 3 → e ; 4 → d ; 5 → i ; 6 → k ; 7 → c ;
8 → a ; 9 → f ; 10 → b ; 11 → g

[LE PASSÉ] p. 18

6 Conjuguez les verbes au passé composé et à l'imparfait.

	Passé composé	Imparfait
Être	j' ai été	j' étais
Prendre	tu as pris	tu prenais
S'installer	elle s'est installée	elle s'installait
Construire	on a construit	on construisait
Avoir	nous avons eu	nous avaions
Recevoir	vous avez reçu	vous receviez
Voir	j' ai vue	je voyais
Boire	tu a bu	tu buvais
Mourir	elle est morte	elle mourait
Finir	nous avons fini	nous finissaient
Vivre	vous avez vécu	vous viviez
S'inscrire	ils sont inscrits	ils s'inscrivaient

[LE PASSÉ] p. 18

7 Lisez le texte puis transformez les verbes à l'imparfait ou au passé composé.

Monique, 75 ans, (vit) .... seule à La Rochelle depuis la mort de son mari. Elle (manque) .... de compagnie et (ne se sent pas) .... en sécurité la nuit. De son côté, Maria (loue) .... une petite chambre dans une résidence. Elle (se sent) .... isolée aussi, (ne connaît pas) .... la culture française et (ne progresse pas) .... en français. Un jour, elles (découvrent) .... l'association « 1 toit, 2 générations ». Le responsable de l'association les (présente) .... et elles (décident) .... immédiatement de vivre ensemble. Maria (emménage) .... chez Monique au mois de septembre. Cela (change) .... leur vie.

[LE PASSÉ] p. 18

8 Conjuguez les verbes à l'imparfait ou au passé composé.

a. Je suis en train de lire les annonces de logement dans le journal que je (acheter) .... hier.

b. Quand Paul (rentrer) .... chez lui hier soir, Marisol et les enfants (préparer) .... des crèpes.

c. Cet après-midi, Tania et Omar (visiter) .... une maison. Ils (avoir) .... un coup de cœur et (décider) .... de l'acheter. Ils (chercher) .... un nouveau domicile depuis plus de 3 mois.

d. En 2010, nous (faire) .... un échange de maison pendant les vacances d'été.

e. Avant, le facteur (distribuer) .... le courrier avant 9 h. Ce matin, il (passer) .... à 11 h ! Ma fille (être stressée) .... car elle (attendre) .... une lettre importante.

f. Hier, la concierge (nettoyer) .... la cour de l'immeuble lorsqu'un chat (sauter) .... par la fenêtre du 3e étage. Il (tomber) .... aux pieds de la gardienne.

g. Sophie (avoir) avait 20 ans quand elle (déménager) a déménagé à Nice.

h. Mes amis m'(offrir) ont offert un week-end dans un gîte rural pour mon anniversaire. Comme je déteste la campagne, je (proposer) ai proposé à mes parents d'y aller à ma place.

[LE PASSÉ] p. 18

9 Conjuguez les verbes entre parenthèses au passé composé et accordez si besoin les participes passés avec *-e*, *-s*, *-es*.

a. Ils (devoir) ont dû faire un état des lieux avant d'emménager dans leur nouvel appartement.

b. Pierre et Paulette (s'inscrire) se sont inscrits à un cours de jardinage.

c. Ses meubles ? Il les (acheter) a achetés sur eBay.

d. Elle (se marier) s'est mariée sur la plage à Hawaï.

e. Sandra (se casser) s'est cassée la jambe en déménageant.

f. La petite annonce de logement qu'il (lire) a lue sur Internet l'intéresse beaucoup.

g. Le propriétaire et son locataire John (se parler) se sont parlé hier au téléphone au sujet de la fuite d'eau dans la salle de bains.

h. Elles (s'installer) se sont installées dans cet appartement au début du mois.

[NUANCER] p. 19

10 Conjuguez les verbes au passé composé et placez les adverbes à la bonne place (avant ou après le participe passé).

Exemple : *Ils aiment bien vivre à Caen.* → *Ils ont bien aimé vivre à Caen.*

a. Ils dînent tôt. → Ils ont dîné tôt.

b. Jamila ne vit pas toujours à Nice. → Jamila n'a pas toujours vécu

c. Tout le monde aime vraiment cette colocation. → ... est vraiment aimé cette coloc.

d. Ils prennent régulièrement le dîner ensemble. → Ils ont pris ...

e. Cela se passe très mal. → Cela s'est très mal passé.

f. Elle mange beaucoup. → Elle a beaucoup mangé.

Dossier 2 À table !

[LA RESTAURATION ET L'ALIMENTATION] p. 27

1 Associez les contraires, puis dites à quel aliment peuvent être associés ces adjectifs.

Exemple : *cuite ≠ SAIGNANTE → la viande*

cuit ≠	....	→ ....
mûr ≠	....	→ ....
gazeuse ≠	....	→ ....
salée ≠	....	→ ....
bio ≠	....	→ ....
frais ≠	....	→ ....
fade ≠	....	→ ....

[LA RESTAURATION ET L'ALIMENTATION] p. 27

2 Écrivez l'adjectif qui correspond au mot souligné.

Exemple : *Il y a trop d'<u>épices</u> dans ce plat. Il est trop* ***épicé****.*

a. Cette pâtisserie est un vrai <u>délice</u> ! Elle est ....

b. Ce poisson manque de <u>fraîcheur</u>. Il n'est pas ....

c. Elle ne peut pas <u>manger</u> ce plat. Il est ....

d. La <u>cuisson</u> du poulet n'est pas terminée. Il n'est pas encore ....

e. Les légumes manquent de <u>sel</u>. Ils ne sont pas assez ....

f. L'<u>acidité</u> de cette sauce m'a donné mal à l'estomac. Elle est trop ....

[LA RESTAURATION ET L'ALIMENTATION] p. 27

3 Complétez les phrases avec les mots suivants : *cuisine / cuisinière / service*. Attention, ces mots ont un sens différent selon le contexte.

a. Regarde la note, ce n'est pas la peine de laisser un pourboire au garçon, le .... est compris !

b. Sa .... est pratique car elle est bien équipée.

c. Peux-tu mettre la table s'il te plaît ? Ça me rendrait ....

d. Ma .... est tombée en panne, on va donc manger froid.

e. Dans ce restaurant, les serveurs commencent leur .... à 11 heures.

f. Ce dessert est excellent, la .... est un vrai cordon bleu !

g. Ce restaurant est réputé pour sa .... du Sud-Ouest.

h. À Noël, on sera douze, on pourrait utiliser le .... 24 pièces de grand-mère.

[LE SUBJONCTIF PRÉSENT] p. 24

4 Conjuguez les verbes au présent de l'indicatif puis au présent du subjonctif.

	Présent de l'indicatif	**Présent du subjonctif**
Prendre	*Ils **prenn**ent* *Nous **pren**ons*	*Il faut que je **prenne*** *Il faut que nous **prenions***
Tenir	Ils .... Nous	Il faut que tu .... Il faut que vous ....
Boire	Ils .... Nous	Il faut qu'il .... Il faut que nous ....
Choisir	Ils .... Nous	Il faut qu'elle .... Il faut que vous ....
Étudier	Ils .... Nous	Il faut qu'on .... Il faut que nous ....
Croire	Ils .... Nous	Il faut que je .... Il faut que vous ....
Mettre	Ils	Il faut que tu ....

[LE SUBJONCTIF PRÉSENT] p. 24

5 Donnez des conseils pour une colocation réussie. Conjuguez les verbes au présent du subjonctif.

a. Il faudrait que tu (choisir) .... des colocataires qui ont le même mode de vie que toi.

b. Il serait bon que vous (communiquer) .... sur les choses qui vous dérangent pour éviter d'en arriver au clash.

c. Il est préférable que tu (prévoir) .... un budget mensuel pour les achats de base.

d. Il vaudrait mieux que vous (faire) .... le ménage à tour de rôle.

e. Il serait souhaitable que vous (fixer) .... des règles de vie et que vous (s'y tenir) ....

f. Je recommande que vous (cuisiner) .... et (dîner) .... ensemble régulièrement.

g. Il vaut mieux que tu (accepter) .... que tout ne soit pas parfait !

[LE SUBJONCTIF PRÉSENT] p. 24

6 Associez pour former des phrases.

a. Tu as pris du poids. Tu devrais •	• **1.** laver cette pomme avant de la croquer.
b. Pour être en forme, il serait bon que •	• **2.** organiser un repas gastronomique.
c. Pour le mariage de ta fille, je te conseille d' •	• **3.** suivre un régime.
d. Vous feriez mieux de •	• **4.** tu manges sainement.
e. Comme il pleut, il vaudrait mieux que •	• **5.** vous annuliez le pique-nique.

[LE SUBJONCTIF PRÉSENT] p. 25

7 Exprimez l'obligation, la permission et l'interdiction. Choisissez l'élément correct.

a. Je t'ordonne (à – de – que – ø) mettre la table !

b. Il demande (à – de – que – ø) je fasse les courses.

c. J'autorise mon fils (à – de – que – ø) aller au fast-food une fois par mois.

d. On a le droit (à – de – que – ø) manger le poulet avec les doigts ?

e. Je te défends (à – d' – que – ø) inviter Christine à dîner.

f. La maîtresse de maison interdit (à – de – que – ø) les mauvaises manières à table.

[LE SUBJONCTIF PRÉSENT] p. 25

8 Conjuguez les verbes au subjonctif présent. Puis, dites si ces phrases expriment : un ordre / une permission / une interdiction.

a. Ma femme veut que je (prendre) .... des cours de cuisine.

un ordre / une permission / une interdiction

b. Nous refusons que vous (débarrasser) .... la table.

un ordre / une permission / une interdiction

c. Je veux bien que tu (sortir) .... jusqu'à minuit.

un ordre / une permission / une interdiction

d. Elle exige que je (mettre) .... un costume pour dîner dans ce restaurant 3 étoiles !

un ordre / une permission / une interdiction

e. On permet que les clients (pouvoir) .... choisir leur table librement.

un ordre / une permission / une interdiction

f. Il faut que tu (faire) .... la vaisselle car je suis très fatigué.

un ordre / une permission / une interdiction

g. Elle ne veut pas que vous (préparer) .... votre gâteau au chocolat à cause de son régime.

un ordre / une permission / une interdiction

Phonie-graphie Le son [e]

[LE SON [e]]

Complétez les mots avec : *é / ée / er / es / ez / ef / ed / e / ai*.

a. J'........ donn........ la cl........ / cl........ du studio à V........ronique.

b. C........ cerises sont tomb........s du cerisi........ à mes pi........s. Il faut vite l........ ramass.........

c. Avant de sign........ le contrat de colocation, sach........ que vivre en communaut........ n'est pas facile.

d. ....ssuie bien l........ verres que tu as laiss........s dans l'........vi........ puis range-l.........

e. L........ clients ont appel........ le resto « Ch........ Pierre » pour r........serv........ une table ce soir.

Détente

Petit tour du monde culinaire. Voici quelques spécialités d'origine étrangère, très appréciées en France. Savez-vous à quelle langue le français a emprunté chacun de ces termes ? Associez chaque aliment à une langue de la liste : ***l'espagnol / l'anglais / l'arabe / le grec / le japonais / le danois / le portugais / l'aztèque / le vietnamien / l'italien / le turc / le bulgare / le chinois***

a. Le caramel → ....

b. La pizza → ....

c. Le homard → ....

d. Le nem → ....

e. Les chips → ....

f. Le sushi → ....

g. Le cacao → ....

h. Le dim sum → ....

i. La paella → ....

j. Le sorbet → ....

k. Le tarama → ....

l. Le couscous → ....

m. Le caviar → ....

n. Le tiramisu → ....

o. Le yaourt → ....

Compréhension écrite

Lisez ce document et répondez aux questions. Quand c'est nécessaire, justifiez vos réponses par une phrase du texte.

UN JARDIN POUR LES CITADINS

ÎLE-DE-FRANCE. Lieu insolite à Paris, *Les Jardins du Ruisseau* démocratisent la pensée écolo-bobo.

Connaissez-vous la différence entre un jardin classique et un jardin partagé ? « La transversalité », répond Denis Loubaton. Le président de l'association *Les Jardins du Ruisseau* nous ouvre les portes de ce petit coin de paradis qui séduit de plus en plus de Parisiens.

L'idée nous vient des États-Unis où, pour occuper les terrains en friche de New York, les habitants ont cultivé des jardins en commun. Le premier de ce genre à Paris se crée en 2002 avec comme spécificité française l'apport d'une dimension sociale. Le « Quai » est ouvert à tous et donne l'occasion aux habitants du quartier de se rencontrer. Aujourd'hui, on compte 66 jardins partagés dans la capitale, dont *Les Jardins du Ruisseau*, sans doute le plus original. Jugez un peu : en descendant un escalier, vous arrivez sur la petite ceinture, une ancienne voie ferrée. La configuration des lieux est pour le moins atypique puisqu'on se trouve sur les quais de l'ancienne gare d'Ornano, à quelques pas de la porte de Clignancourt. Cinq cents mètres de long occupés par des fruits, légumes, fleurs et végétaux, de quoi impressionner le badaud.

Entre pique-nique et marché bio

Ce jardin est aussi celui qui compte le plus grand nombre d'adhérents. Ils sont 360 à se partager « l'entretien et le gardiennage tout au long de l'année », souligne Denis Loubaton. *Le Quai'tchup*, *Les Renards argentés* ou encore *La Cigale*, autant de potagers trônant fièrement dans ce lieu qui respire le courant alternatif. Un lieu qui fourmille d'insectes, avec la ruche d'un côté et le lombricompost de l'autre. Mais c'est surtout un endroit convivial : entre pique-niques et marchés bio, l'espace prend des airs de scène en plein air lors de la Fête des jardins en septembre. Denis Loubaton nous délivre même un scoop pour 2012 : « Nous allons organiser le festival *Danse sur les rails*, durant lequel nous allons installer du parquet sur le chemin de fer pour accueillir différents événements. »

À mi-chemin entre l'entretien du lien social et celui de la terre, les jardins partagés n'ont pas fini de sévir. Et pourquoi pas imaginer les 23 kilomètres de la petite ceinture bordés d'un écrin de verdure ? À méditer.

Arnaud BOISTEAU,
1er février 2012, *20 Minutes.*

1 Ce document nous informe sur :

- O le développement des jardins partagés en Île-de-France.
- O l'histoire des jardins partagés en France.
- O la culture des fruits et légumes en ville.

2 Les jardins partagés ont de plus en plus de succès auprès des habitants de Paris.

- O Vrai
- O Faux

Justification : ....

3 Ce type de jardin :

- O favorise le lien social.
- O permet de créer des emplois.
- O attire les touristes.

4 Où se trouvent *Les Jardins du Ruisseau*?

- O Entre deux gares.
- O Le long d'une voie ferrée.
- O Entre les rails d'un ancien chemin de fer.

5 On y fait pousser seulement des légumes.

- O Vrai
- O Faux

Justification : ....

6 Qu'est-ce qu'un badaud ?

- O Un agriculteur.
- O Un conducteur de train.
- O Un promeneur.

7 *Les Jardins du Ruisseau* est un lieu :

- O familial.
- O convivial.
- O convenable.

Production écrite

Vous vivez à Paris et vous adorez le jardinage. Malheureusement, vous n'avez pas de jardin privatif pour pratiquer votre passion. Avec des amis, vous avez donc décidé de cultiver vos légumes dans un des jardins partagés de la capitale.

Dans une lettre à votre famille, vous expliquez comment vous avez découvert l'existence des jardins partagés à Paris et vous racontez pourquoi vous avez décidé de vous lancer dans cette expérience.

Votre texte comportera 160 à 180 mots.

AU TRAVAIL !

Dossier 1 Ça va les études ?

[LA VIE ÉTUDIANTE] p. 34

1 Placez les mots dans la bonne colonne.

l'école élémentaire – l'élève (× 2) – la cantine (× 2) – la fac de Lettres – la maîtresse – la pause (× 2) – la récréation – le campus – le collège – le cours magistral – le directeur d'école – le lycée – le lycéen – le proviseur – le resto U – l'amphithéâtre – l'étudiant

L'enseignement primaire	L'enseignement secondaire	L'enseignement supérieur

[LA VIE ÉTUDIANTE] p. 34

2 Associez les verbes à un complément.

a. Passer •	• **1.** d'une licence de droit.
b. Se présenter •	• **2.** un cours du soir.
c. Obtenir •	• **3.** un dossier d'inscription.
d. Intégrer •	• **4.** un test de français.
e. Prendre •	• **5.** une bourse.
f. Remplir •	• **6.** une école de journalisme.
g. Être titulaire •	• **7.** à un concours administratif.

[LA VIE ÉTUDIANTE] p. 34

3 Mettez les parties de ce texte dans l'ordre.

Quelques idées pour apprendre les langues autrement

a. Puis, si vous êtes sportif, un programme permet de séjourner au sein de l'école de tennis la plus prestigieuse d'Espagne, l'Académie Sánchez-Casal, à Barcelone. Les participants font vingt heures de tennis par semaine, ainsi que deux heures d'espagnol par jour.

b. En effet, en matière de séjours linguistiques, la demande concerne de plus en plus des destinations ensoleillées et lointaines, avec au programme des activités toujours plus insolites. Voici quelques pistes à explorer :

c. Aujourd'hui, à côté des séjours linguistiques traditionnels, de plus en plus d'organismes proposent des formules originales.

d. Alors, vous avez fait votre choix ?

e. Enfin, si vous aimez les animaux, vous pouvez participer au programme de réintroduction à la vie sauvage des éléphants du Parc national de Mosi-oa-Tunya, en Zambie. Le tout en anglais.

f. D'abord, une formule en immersion au Canada vous permet de partager la vie d'une famille canadienne, dont l'un des parents est professeur de français. L'hébergement se situe dans les Laurentides, près de Montréal, dans une forêt au bord d'un lac.

1 → .... ; 2 → .... ; 3 → .... ; 4 → .... ; 5 → .... ; 6 → ....

[LES PRONOMS RELATIFS SIMPLES]

p. 36

4 Entourez le pronom relatif qui convient.

a. Felix a rencontré une jeune Colombienne *qui – où – qu'* étudie le français à Rouen.

b. L'anglais n'est pas la langue facile *qui – que – dont* l'on croit. C'est, au contraire, une langue *qui – que – qu'* est assez difficile.

c. Pauline, *qui – que – dont* la sœur vit à Londres, ira faire ses études en Angleterre.

d. Le jour *qui – que – où* Laura a appris qu'elle avait réussi son bac, elle était au bord de la mer.

e. Je prendrai des vacances *qui – que – dont* j'espère bien profiter.

f. Le professeur a rencontré les étudiants *qui – qu' – dont* il a corrigé les copies.

[LES PRONOMS RELATIFS SIMPLES]

p. 36

5 Réunissez les deux phrases à l'aide du pronom relatif *dont*, comme dans l'exemple.

Exemple : <u>L'examen de français</u> *aura lieu jeudi matin de 9 h à 11 h. J'ai peur de cet examen de français.*

→ *L'examen de français* ***dont j'ai peur aura lieu de 9 h à 11 h.***

a. Je ne veux pas travailler avec <u>cet ordinateur</u>. Je ne sais pas bien me servir de cet ordinateur.

→ Je ne veux pas travailler avec cet ordinateur ....

b. <u>Son accent</u> est vraiment charmant. On se moque souvent de son accent.

→ Son accent ....

c. <u>Le cours d'italien niveau A2</u> n'est pas proposé cette année. J'ai besoin de ce cours.

→ Le cours d'italien niveau A2 ....

d. On m'a présenté <u>cet écrivain</u>. J'admire les œuvres de cet écrivain.

→ On m'a présenté cet écrivain ....

e. Les étudiants ont passé <u>un examen final</u>. Ils ignorent encore les résultats de cet examen.

→ Les étudiants ont passé un examen final ....

[LES PRONOMS RELATIFS SIMPLES]

p. 36

6 Complétez le dialogue avec les pronoms suivants : *qui / que / qu' / dont / où*.

JULES : Regarde, c'est un ordinateur .... me plaît beaucoup et .... me serait utile pour mes études.

JIM : C'est celui .... tu aimerais acheter ?

JULES : Le problème, c'est que je dois en trouver un .... coûte moins cher.

JIM : Regarde celui-ci, c'est le modèle .... ton père parlait hier soir pendant le dîner. C'est l'ordinateur .... il te faut.

JULES : Tu n'es pas sérieux. C'est un modèle .... je n'ai pas les moyens d'acheter. En tout cas, c'est celui .... je rêve, c'est sûr !

JIM : Hier, au moment .... je partais de chez toi, ton père m'a fait une confidence.

JULES : Ah, oui ? Laquelle ?

JIM : Il m'a dit qu'il t'offrirait ce modèle pour ton anniversaire.

JULES : C'est génial !

[LES PRONOMS RELATIFS SIMPLES]

p. 36

7 Associez les débuts de phrase à leur fin.

a. M. Kerouac ? C'est le prof qui •	• **1.** a pris sa retraite en 2011.
b. C'est l'école primaire où •	• **2.** elle allait en 1990.
c. Il est loin le temps où •	• **3.** elle n'arrêtait pas de nous parler.
d. Mille euros, c'est le montant de la bourse que •	• **4.** il mène lui seront utiles.
e. Les travaux de recherche qu' •	• **5.** je me souviendrai toute ma vie.
f. C'est un professeur dont •	• **6.** j'étais étudiant.
g. Elle nous a enfin présenté le garçon dont •	• **7.** le CROUS m'a attribuée.

[LA MISE EN RELIEF] p. 36

8 Complétez le dialogue avec *ce qui* ou *ce que*.

BARBARA : Il est trop tard pour aller voir mon prof ce soir et c'est .... m'ennuie.

CATHERINE : Dis-moi .... tu veux lui dire et je lui passerai le message demain matin.

BARBARA : Je te remercie, mais .... est important, c'est que je le voie personnellement.

CATHERINE : D'accord ! Tout .... je voulais, c'était t'aider.

[LA MISE EN RELIEF] p. 36

9 Complétez les phrases avec : *ce qui / ce que / ce dont / ce qu'*.

a. .... me plaît, c'est d'aller en cours de français.

b. .... tu as besoin, c'est de partir en vacances.

c. Plus je pense à .... tu m'as dit, plus je pense que tu as raison.

d. .... il a dit est vrai ? Mais non, c'est complètement faux !

e. Elle a eu de bonnes notes à ses examens, ... elle est très fière.

f. .... est injuste, c'est le manque de moyens financiers dans certaines universités.

g. Parlez moins vite ; je ne comprends pas tout .... vous dites.

[LA MISE EN RELIEF] p. 36

10 Complétez les phrases avec : *c'est ce que / c'est ce à quoi / c'est ce qui / c'est ce dont*.

a. Le chômage, ... tous les jeunes ont peur.

b. La recherche scientifique, ... l'intéresse tout particulièrement.

c. Obtenir son diplôme, ... il pense tout le temps.

d. Partir un an en Australie, ... je voudrais faire quand j'aurai assez d'argent.

[EXPRIMER LE FAIT DE NE PAS AIMER] p. 37

11 Exprimez le fait de ne pas aimer. Terminez ces phrases.

a. Ce dont j'ai horreur dans la vie, c'est ....

b. Ce qui m'agace chez Sarah, c'est ....

c. Ce que je déteste par dessus tout, ce sont ....

d. Ce qui m'énerve au quotidien, c'est ....

e. Ce que je ne supporte pas chez Paul, c'est qu'.................................... .

Dossier 2 À chacun son métier

[LE TRAVAIL] p. 45

1 Voici des adjectifs souvent utilisés dans les lettres de motivation. Entourez l'intrus de chaque liste.

a. énergique – déterminé – dynamique – expérimenté

b. apte – courageux – capable – compétent

c. motivé – méthodique – organisé – rigoureux

d. appliqué – formé – diplômé – qualifié

e. sympathique – agréable – patient – sociable

f. créatif – intelligent – inventif – original

[LE TRAVAIL] p. 45

2 Associez chaque expression idiomatique à sa définition.

a. travailler au noir •	• **1.** avoir beaucoup de travail à faire
b. un travail de fourmi •	• **2.** ne rien faire
c. travailler pour des prunes •	• **3.** participer à un travail, à un effort collectif
d. mettre du cœur à l'ouvrage •	• **4.** travailler avec énergie et envie
e. se tourner les pouces •	• **5.** travailler pour rien, sans aucun résultat
f. mettre la main à la pâte •	• **6.** travailler sans être déclaré
g. avoir du pain sur la planche •	• **7.** travailler énormément
h. être un bourreau de travail •	• **8.** un travail lent et minutieux
i. avoir les dents longues •	• **9.** être ambitieux

[LE TRAVAIL] p. 45

3 Entourez dans chaque liste les mots manquants dans le CV de Milbulle. Ces mots sont signalés dans le CV par une lettre.

a. notation – mention – récompense – distinction

b. choix – élection – option – préférence

c. diplôme – licence – titre – brevet

d. éducation primaire – formation continue – pratique professionnelle – réinsertion sociale

e. savoir-faire – habiletés – aptitudes – compétences

f. participation – collaboration – organisation – coordination

g. réunion – concours – collaboration – association

h. séjour – stage – passage – préparation

Milbulle le clown
Bruno Rechel, dit Milbulle
55 rue des Oliviers
22 349 Ploumeneur
milbulle@poutmail.com

FORMATION

1986 : Baccalauréat A (littérature et philosophie), (a) bien.

1990 : Licence d'études théâtrales – (b) Lettres, Paris 3 Sorbonne-nouvelle, Paris.

1991 : Maîtrise d'Arts du spectacle, « Le monde du cirque », Paris 8 Vincennes, Saint-Denis.

1994 : (c) des métiers des Arts du Cirque (DMA), option acrobatie/jonglerie, École des Arts du Cirque, Bruxelles.

1996-2000 : Ateliers de (d) sur la pratique du clown, Centre national des Arts du Cirque, Châlons-en-Champagne.

2000-2001 : Ateliers d'expression non verbale, École Marcel Marceau, Paris.

(e) Compétences linguistiques

*__Français :__ natif
*__Espagnol :__ niveau C1
*__Anglais :__ niveau B2
*__Russe :__ connaissances de base

EXPÉRIENCE PROFESSIONNELLE

Depuis 2010 : Création et tournées du spectacle *J'aime pas les blondes*, France, Allemagne, Belgique.

2008-2009 : Résidence d'artiste, création du spectacle *Par ici la monnaie*, Liceu, Barcelone.

2006-2008 : (f) au projet Clown de-ci de-là, avec le mime Mimine, Théâtre du Châtelet, Paris.

2004-2007 : Spectacles pour enfants, MJC, Montreuil.

2003-2004 : Animation d'ateliers pour enfants, centre culturel Carpeaux, Pontoise.

2001-2003 : (g)] avec l'association Clowns à l'hôpital, La Pitié-Salpêtrière, Paris.

2000 : (h) de 5 mois au Cirque du Soleil, Montréal.

PRIX et RÉCOMPENSE

2003 : Lauréat de Jeunes talents du cirque.

2007 : Prix du meilleur spectacle étranger *(Clown de-ci de-là)*, Festival du Cirque, Québec.

2009 : Prix de la mise en scène, Festival des Arts du Cirque d'Amiens

[L'ADVERBE EN -MENT] p. 43

4 Transformez les adjectifs suivants en adverbes, puis complétez le texte avec ces adverbes : *récent – éventuel – soudain – complet – particulier – rare – actif – considérable.*

J'ai cherché .... du travail pendant 6 mois. L'année dernière, je suis sorti diplômé d'une école d'ingénieur. Dans un premier temps, j'ai lu les petites annonces sur Internet, mais les offres n'étaient pas .... intéressantes. Les postes proposés n'offraient pas beaucoup de responsabilités et les postes intéressants étaient .... bien payés. J'ai alors visité des forums et j'ai .... compris quelque chose de primordial. Au lieu de chercher les offres d'emploi des entreprises, je devais chercher les entreprises qui pourraient .... avoir besoin d'un collaborateur. Cela a .... ouvert ma vision de la recherche d'emploi. J'ai envoyé des candidatures spontanées et j'ai été .... embauché. Aujourd'hui, j'ai un super job et je suis .... épanoui.

[L'ADVERBE EN -MENT] p. 43

5 Transformez les phrases en remplaçant les éléments soulignés par un adverbe.

Exemple : *Vous devez parler aux personnes agées <u>avec gentillesse</u>.* → *Vous devez parler gentiment aux personnes agées.*

a. Tu dois faire tes exercices <u>avec sérieux</u>.

→ ....

b. Vous devez rendre vos dossiers <u>avec plus de rapidité</u>.

→ ....

c. Expliquez-moi l'ensemble de vos revendications <u>avec précision</u>.

→ ....

d. Les patrons et les employés devraient se rencontrer <u>avec plus de régularité</u>.

→ ....

e. Maniez ces outils <u>avec délicatesse</u>.

→ ....

[LA PLACE DE L'ADJECTIF] p. 42

6 Entourez l'adjectif correctement placé dans chaque phrase.

a. Il a trouvé un bon emploi bon.

b. Je travaille pour une allemande entreprise allemande.

c. Comme il a été licencié, il a reçu des financières indemnités financières.

d. Mon supérieur a un grand bureau grand.

e. Mon fils a trouvé un poste dans le public secteur public.

f. Pour se faire une place dans la pub, il suffit d'avoir une créative idée créative.

g. Nous avons élu un nouveau conseil d'administration nouveau.

h. Nous avons prévu une petite pause petite au milieu de la réunion.

[LA PLACE DE L'ADJECTIF] p. 42

7 Complétez avec : *des / de / d'*.

a. Tu as .... idées très originales.

b. J'aimerais découvrir .... autres horizons.

c. Le site de La Défense offre .... opportunités professionnelles uniques.

d. Le marchand avait .... très belles pommes ce matin.

e. Mon collaborateur fait .... heures supplémentaires, moi non !

f. Il paraît que le DRH va proposer .... intéressantes promotions professionnelles.

g. Le docteur Jarzo a .... assez bons rapports avec les laboratoires pharmaceutiques.

[LA PLACE DE L'ADJECTIF] p. 42

8 Entourez les adjectifs correctement placés dans chaque phrase.

a. La prochaine fois prochaine, relis ton CV pour ne pas oublier de fautes d'orthographe.

b. Le dernier candidat dernier était le meilleur.

c. La dernière semaine dernière, j'étais en congé.

d. Les dernières réunions dernières avec le DRH ont été vraiment fatigantes.

e. C'est décidé ! Le prochain week-end prochain, je n'emporte pas de dossiers à la maison.

f. Pour les prochaines vacances prochaines, j'aimerais partir à l'étranger.

[LA PLACE DE L'ADJECTIF] p. 42

9 Transformez les phrases comme dans l'exemple. Soyez vigilant à la place et à l'accord des adjectifs.

Exemple : *J'aimerais faire un voyage (grand/dépaysant) l'année prochaine.* → *J'aimerais faire un grand voyage dépaysant l'année prochaine.*

a. Nous avons un projet (grand/innovant) à proposer au département marketing.

→ Nous avons .... à proposer au département marketing.

b. L'homme (brillant/jeune) s'est présenté aux concours de l'Éducation nationale.

→ .... s'est présenté aux concours de l'Éducation nationale.

c. Pouvez-vous m'expliquer en quoi consiste votre activité (nouveau/professionnel) ?

→ Pouvez-vous m'expliquer en quoi consiste .... ?

d. Mon chef m'a parlé d'un restaurant (bon/italien).

→ Mon chef m'a parlé d'.. .

e. La secrétaire est une dame (aimable/vieux).

→ La secrétaire est ....

[LA PLACE DE L'ADJECTIF] p. 42

10 Quel est le sens de ces phrases ? Cochez la réponse qui convient.

a. C'est vraiment un grand homme.

○ Cet homme est exceptionnel.

○ Cet homme est d'une taille impressionnante.

b. Quelle drôle d'idée !

○ Ton idée est vraiment très amusante !

○ Ton idée est vraiment bizarre !

c. J'ai enfin un bureau propre.

○ J'ai enfin fait le ménage dans mon bureau.

○ J'ai enfin un bureau pour moi tout seul.

d. On m'a proposé différents postes.

O J'ai reçu plusieurs propositions d'emploi.

O J'ai reçu des propositions de postes très variées.

e. Le pauvre homme !

O Cet homme n'a plus d'argent.

O Cet homme a beaucoup d'ennuis.

f. Ma collaboratrice est une chic fille.

O Ma collaboratrice est sympathique.

O Ma collaboratrice est élégante.

g. J'ai un client trop curieux.

O J'ai un client qui me pose des questions indiscrètes.

O J'ai un client étrange.

h. Ce candidat a un sacré CV.

O Ce candidat a fait des études de théologie.

O Ce candidat a un très bon CV.

Phonie-graphie Le son [u]

[LE SON [u]]

Complétez les mots avec : *ou / où / oû / aoû / oo / out / oux / ous / oup.*

a. Il est tombé sur un caill......... et il s'est surt......... fait mal au gen..........

b. Cette année, je vais partir en vacances en ....t ou en septembre. Mais je ne sais pas encore bien ....

c. V.........lez-v......... amener t......... vos enfants p.........r le g.........ter ?

d. Dans la forêt des Vosges, il y a encore beauc......... de l.........s.

e. Depuis qu'Emmanuel traîne avec des h.........ligans, il ne parle que de f.........tball.

f. Combien c.........tent les b.........s de tissus ?

g. Mon voisin du dess......... est r..........

Détente

Retrouvez les mots mystères grâce aux charades, comme dans l'exemple.

Exemple : *Mon premier est à la fois une lettre et une préposition.* ***(à)***
Mon second est un adjectif possessif pluriel. ***(vos)***
Mon troisième est la dixième lettre de l'alphabet. ***(k)***
Mon tout défend ses clients au tribunal. ***(à + vos + k)***
Mot mystère : ***avocat***

1. • Mon premier est une préposition signifiant « au milieu de ».
• Mon second est le participe passé du verbe « prendre » au féminin.
• Mon tout emploie des travailleurs.

Mot mystère : ....

2. • Mon premier est le contraire de propre.
• On respire mon second.
• Mon tout est ce que l'on reçoit en échange du travail fourni.

Mot mystère : ....

3. • Mon premier est un adjectif possessif pluriel à la première personne du singulier.
• Mon second vient après « 1 ».
• Mon troisième est un adjectif signifiant « en bonne santé ».
• Mon tout travaille dans un hôpital ou un cabinet.

Mot mystère : ....

4. • Mon premier est le compagnon de la mère dans l'aventure éducative.
• Quand on arrive chez quelqu'un, on fait mon second pour prévenir qu'on est là.
• Mon troisième est un pronom personnel utilisé pour parler d'une femme.
• Mon tout est l'ensemble des travailleurs d'une entreprise.

Mot mystère : ....

5. • Mon premier est une préposition utilisée devant les pays de genre féminin.
• Mon second est un synonyme de « joli ».
• Mon troisième est une préposition signifiant « sous le toit de ».
• Mon tout est la tâche du DRH.

Mot mystère : ....

6. • On dort dans mon premier.
• Mon second est le contraire de « avec ».
• Mon troisième signifie « couper du bois » avec une scie.
• Mon tout est le contraire du mot mystère précédent (question 5).

Mot mystère : ....

Compréhension écrite

Lisez l'article et répondez aux questions. Quand c'est demandé, justifiez vos réponses par une phrase du texte.

TRAVAIL OU RETRAITE, IL FAUT CHOISIR !

Le travail est-il bon pour la santé des seniors ? La question est évidemment d'actualité en ces temps de réforme des retraites et d'allongement de la durée de vie professionnelle. Pour y répondre, la chercheuse canadienne Chantal Lagacé a passé en revue les études disponibles sur les effets respectifs du maintien au travail et du passage à la retraite pour les 50-60 ans. Elle met l'accent sur une variable à ses yeux décisive : la faculté de choisir.

Pas facile de tirer des enseignements clairs des enquêtes existantes. Certaines concluent à un effet positif du travail sur la santé, mais portent souvent sur des catégories professionnelles plutôt favorisées. D'autres repèrent des troubles psychologiques plus fréquents chez les seniors en emploi que chez les pré-retraités ou les chômeurs, ce qui s'explique, observe Lagacé, par la présence dans l'échantillon de salariés stables, mais aussi d'intérimaires et de travailleurs vivant avec l'insécurité de l'emploi. Pourtant, en règle générale, les retraités apparaissent en moins bonne santé que les personnes au travail… L'auteure tire néanmoins plusieurs enseignements généraux des études disponibles. En premier lieu, lorsque les conditions de travail et de rémunération sont bonnes, le poste épanouissant et, surtout, le maintien au travail choisi, il favorise une bonne santé. En second lieu, la retraite en elle-même n'est pas à incriminer, mais plutôt les conditions du départ : elle est bénéfique pour la santé lorsque la personne a quitté des conditions de travail difficiles, mais a des effets négatifs pour les catégories professionnelles supérieures attachées au statut que leur conférait leur travail. Surtout, la retraite affecte la santé lorsqu'elle est subie.

La faculté de choisir est en définitive le critère déterminant, avance la chercheuse. Dès lors que le maintien en emploi ou le passage à la retraite sont librement choisis, ils ont un effet positif sur la santé. S'agissant des seniors encore en activité, il convient de distinguer deux groupes : ceux qui occupent un poste valorisé et souhaitent rester au travail ; ceux pour qui des revenus trop modestes contraignent à poursuivre une activité professionnelle, malgré un faible statut et de mauvaises conditions de travail. Pour les premiers, l'activité professionnelle a tout lieu de contribuer à un bon état de santé, ce qui n'est pas le cas pour les seconds. Bref, conclut l'auteur, « la question du maintien en emploi et de la retraite ne peut faire l'économie d'une réflexion sur les déterminants sociaux de la santé et, plus globalement, sur les inégalités sociales qui devraient en constituer un axe essentiel ».

Xavier DE LA VEGA, *Sciences Humaines*, n° 223, février 2011.

1 Quel est le thème général de ce document ?

O Le chômage des séniors

O L'âge idéal pour le départ à la retraite

O Le travail et la santé des seniors

2 Qu'a fait Chantal Lagacé ?

O Elle a mené sa propre étude.

O Elle a étudié les résultats d'études déjà existantes.

O Elle fait une comparaison entre deux études à dix ans d'intervalle.

3 Selon Chantal Lagacé, le fait de choisir de partir à la retraite quand on veut a une grande influence sur la santé des séniors.

O Vrai

O Faux

Justification : ....

....

4 Chantal Lagacé n'a eu aucun mal à synthétiser les résultats des études.

O Vrai

O Faux

Justification : ....

....

5 D'après quelques études, travailler permet d'être en bonne santé.

O Vrai

O Faux

Justification : ....

....

6 D'autres études montrent que les séniors qui travaillent ont des problèmes psychologiques car :

O ils n'ont pas la sécurité de l'emploi.

O ils sont trop âgés pour travailler.

7 Qu'est-ce qui contribue à la bonne santé des seniors en activité ? (3 réponses)

O un bon salaire

O une situation familiale stable

O la liberté de continuer à travailler

O le niveau d'études

O la place dans la hiérarchie

O un poste intéressant

8 Le fait de travailler a des effets positifs sur la santé pour :

O les catégories les plus précaires.

O les professionnels ayant un poste valorisant.

Production écrite

Répondez au message d'Angéla, en 160 à 180 mots.

FORUM : « La retraite quand et comment ? »

Bonjour à tous,

Tout le monde parle de l'âge idéal de départ à la retraite en ce moment. Doit-on travailler le plus longtemps possible puisqu'on vit plus longtemps ? Ou doit-on laisser la place aux « jeunes » ? Je ne sais vraiment pas quoi penser. Il faut dire que les salaires sont de plus en plus bas, tout comme les pensions de retraite, je comprends que les séniors aient besoin de travailler plus pour maintenir leur niveau de vie.

Et vous qu'en pensez-vous ? Aidez-moi à me faire une opinion.

Angéla.

FAITES PASSER LE MESSAGE !

Dossier 1 C'est d'actualité

[LA PRESSE, LES MÉDIAS] p. 52

1 Complétez le texte à l'aide des mots suivants : *téléspectateurs / zapper / chaîne / programme / audience / jeu télévisé / émission / petit écran*.

France 3, la .... publique française, va proposer un nouveau concept d' .... à la rentrée. En effet, l' .... est en baisse en fin d'après-midi car les .... abandonnent le .... au profit d'Internet. Les concepteurs de .... ont donc imaginé un nouveau concept de .... en direct, auquel on pourra participer depuis chez soi. France 3 espère ainsi faire remonter l'audimat et empêcher les gens de ....

[LA PRESSE, LES MÉDIAS] p. 52

2 Associez chaque mot à sa définition.

a. Partie thématique d'un journal •	• **1.** l'hebdomadaire
b. Journal qui paraît une fois par semaine •	• **2.** l'éditorial
c. Nouvelles traitant d'événements de la vie quotidienne •	• **3.** la revue de presse
d. Phrases d'accroche situées sur la première page d'un journal •	• **4.** la rubrique
e. Rubrique d'un journal qui présente les réactions des lecteurs •	• **5.** la une
f. Article dans lequel le rédacteur en chef donne son opinion sur un sujet d'actualité •	• **6.** le courrier des lecteurs
g. Résumé de ce qui est paru dans la presse dans la journée ou dans la semaine •	• **7.** les faits divers
h. Première page d'un journal •	• **8.** les gros titres

[LA NOMINALISATION DE LA PHRASE VERBALE]

p. 54

3 Faites des titres d'article à partir de ces phrases en transformant le verbe en nom.

Exemple : *On a fermé le blog du journaliste Charles Coliu.* → *Fermeture du blog du journaliste Charles Coliu*

a. Le nombre de lecteurs de presse people a diminué.

→ ....

b. Le ministre de la Culture a été convoqué par la police.

→ ....

c. Le comportement des lecteurs de presse a changé.

→ ....

d. *L'Actu*, nouveau journal d'actualités a bien démarré.

→ ....

e. Scarlett Johansson s'est mariée.

→ ....

f. Le présentateur de *Questions pour un champion* part à la retraite.

→ ....

[LA NOMINALISATION DE LA PHRASE VERBALE]

p. 54

4 Trouvez le verbe qui correspond au nom souligné dans chaque titre d'article. Puis entourez la rubrique correspondant à chaque titre.

Exemple : *<u>Inauguration</u> d'une nouvelle salle au musée Pompidou* → *inaugurer : culture*

a. <u>Élection</u> d'un nouveau président au Bénin → ....

Société / Culture / Politique / Environnement

b. <u>Parution</u> du nouveau roman de Le Clezio en septembre → ....

Société / Culture / Politique / Environnement

c. <u>Victoire</u> du parti démocrate aux élections → ....

Société / Culture / Politique / Environnement

d. <u>Déménagement</u> du ministère de la Défense → ....

Société / Culture / Politique / Environnement

e. <u>Promesses</u> de subventions non tenues par le ministère de l'Éducation → ....

Société / Culture / Politique / Environnement

f. Grande vague de <u>départs</u> en vacances → ....

Société / Culture / Politique / Environnement

g. <u>Opposition</u> des militants à l'installation d'éoliennes en mer du Nord → ....

Société / Culture / Politique / Environnement

[LA FORME PASSIVE] p. 55

5 Entourez la terminaison correcte du participe passé à la forme passive.

a. De nombreuses décisions ont été pris(ø / e / s / es) par le nouveau gouvernement.

b. Le magazine a été racheté(ø / e / s / es) par une maison d'édition étrangère.

c. La vidéo a été vu(ø / e / s / es) un million de fois sur Internet.

d. Des cadeaux sont offert(ø / e / s / es) avec l'abonnement.

e. Ce site d'information m'a été recommandé(ø / e / s / es) par mon professeur.

f. Les informations sur ce sujet n'ont pas été assez vérifié(ø / e / s / es) par les enquêteurs.

g. La liberté d'expression n'a jamais été remis(ø / e / s / es) en cause par notre rédacteur en chef.

h. La nouvelle émission du soir sur Canal + s'est beaucoup amélioré(ø / e / s / es).

[LA FORME PASSIVE] p. 55

6 Transformez les phrases suivantes à la forme passive, comme dans l'exemple.

Exemple : *Eugène Poubelle, préfet de Paris au XIXe siècle, a inventé la poubelle.*
→ *La poubelle a été inventée par Eugène Poubelle, préfet de Paris au XIXe siècle.*

a. Le Docteur Merry Pelabost a mis au point la première douche en 1872.

→ ....

b. Eugène Schuller a inventé la crème solaire en 1935.

→ ....

c. Le même Eugène Schuller a inventé les colorants à cheveux en 1909.

→ ....

d. Alexandre Massé inventait le premier bouton à quatre trous vers 1854.

→ ....

e. Louis Cartier va complètement modifier le port de la montre en 1904.

→ ....

f. C'est M. Boulanger qui inventera le concept de restaurant en 1765.

→ ....

g. Pour nous faire connaître, il faut que nous présentions nos inventions au concours Lépine.

→ ....

[LA FORME PASSIVE] p. 55

7 Réécrivez à la forme passive ce fait divers.

Vol de tableaux au Musée Modigliani de Bâles

L'AFP vient de publier une nouvelle dépêche : hier dans la soirée, un groupe de cinq hommes a forcé une fenêtre du musée Modigliani vers 23 h 30. Ils ont dérobé trois toiles de l'artiste italien. On a pu identifier les voleurs car des caméras de sécurité les ont filmés à l'intérieur du bâtiment. La police les a arrêtés ce matin très tôt au domicile de l'un d'entre eux. Le musée va bientôt récupérer les précieuses toiles. Le musée rouvrira ses portes lundi.

Vol de tableaux au Musée Modigliani de Bâles

....

....

....

....

....

....

....

....

[LA FORME PASSIVE] p. 55

8 Transformez les phrases suivantes avec le verbe *se faire*, comme dans l'exemple.

Exemple : *J'ai été contrôlé à la frontière.* → *Je me suis fait contrôler à la frontière.*

a. L'équipe de Monaco a été battue par l'Olympique de Marseille.

→ ....

b. Le gardien de but a été surpris par la rapidité de l'attaquant.

→ ....

c. Le journal local a été racheté par un grand groupe de presse.

→ ....

d. D'après le journaliste, le voleur a été pris la main dans le sac.

→ ....

e. Les téléspectateurs ont été manipulés par les médias pendant la campagne présidentielle.

→ ....

Dossier 2 Tous en ligne !

[COMMUNICATION ET TECHNOLOGIES] p. 63

1 Complétez les phrases avec les mots suivants : *souris / ordinateur / logiciel / écran / virus / clavier / navigateur / pièce jointe / courriel / informatique.*

a. Je déteste rester toute la journée devant l'.................... . Assis sur ma chaise, les yeux sur l' ...., le doigt sur la .... C'est devenu une très mauvaise habitude. J'ai mal au dos, à la tête...

b. Un .... a attaqué mon disque dur. Je ne sais pas si cela vient d'un .... qui comportait une .... infectée, ou si c'est à cause d'un nouveau .... que j'ai installé. Maintenant, dès que j'ouvre le ...., mon écran s'éteint. J'appuie sur toutes les touches du ...., mais ça ne fait rien... Je suis vraiment nul en ....

[COMMUNICATION ET TECHNOLOGIES]

p. 63

2 Choisissez les mots qui conviennent.

a. J'ai *joint / envoyé / reçu* un mail à Bruno mais j'ai oublié la pièce jointe.

b. Il adore raconter sa vie sur *son blog / un message / la ligne*.

c. *Je communique / J'appelle / Je téléphone* mon patron par Skype.

d. J'essaye de ne pas *ouvrir / décrocher / faxer* mes emails avant 10 h.

e. J'adore *utiliser / surfer / envoyer* sur Internet.

f. J'ai appelé, mais ça sonnait *occupé / en ligne / au nez*.

g. Je *joins / passe un coup de fil / chatte* souvent avec mes cousins.

[L'EXPRESSION DU BUT]

p. 60

3 Choisissez la proposition qui convient.

a. J'ai installé un programme de chat sur mon ordinateur *pour / pour que* pouvoir communiquer avec mes amis.

b. J'ai contacté mes anciens camarades *afin de / afin que* nous soyons au complet à la fête de notre école.

c. Witold est allé au magasin d'informatique avec son ordinateur *afin que / afin de* savoir s'il pourrait le revendre d'occasion.

d. J'ai envoyé un mail à mon fournisseur Internet *pour / pour qu'* expliquer mon problème de connexion.

e. J'aimerais m'acheter un ordinateur portable *pour que / pour* cela prenne moins de place chez moi.

f. Je vais installer Linux comme système d'exploitation *pour qu' / afin d'* avoir moins de problèmes lors de l'installation de logiciels.

g. Tu devrais éteindre ton ordinateur quand tu ne t'en sers pas *afin que / afin de* faire des économies d'énergie.

[L'EXPRESSION DU BUT] p. 60

4 Infinitif ou subjonctif ? Mettez les verbes entre parenthèses à la forme correcte.

a. Les ateliers de communication non verbale ont été mis en place dans le but d' (améliorer) .... les compétences des demandeurs d'emploi.

b. Nous avons installé un réseau WIFI dans la maison pour que les enfants (pouvoir) .... se connecter dans leur chambre.

c. Les écoles recevront des subventions afin d' (équiper) .... chaque salle de classe d'ordinateurs.

d. Pour la visioconférence, je vous conseille de vous connecter en avance de façon à (éviter) .... les retards dus aux problèmes de réseau.

e. La mairie a lancé un processus de sélection dans l'intention de (recruter) .... un nouveau chargé de communication.

f. Je t'ai acheté une chaise ergonomique pour que tu (avoir) .... moins mal au dos.

g. Je vous transmettrai le dossier de façon à ce que vous (savoir) .... ce qu'il contient.

[L'EXPRESSION DU BUT] p. 60

5 Transformez les phrases suivantes en utilisant *pour que* ou *pour*, comme dans l'exemple.

Exemple : *Il faut éteindre l'ordinateur la nuit. On économisera de l'énergie.* → *Il faut éteindre l'ordinateur la nuit pour économiser de l'énergie.*

a. Les internautes veulent plus de liberté sur la toile. Ils pourront s'exprimer.

→ ....

b. Les enseignants veulent interdire le portable dans les écoles. Les élèves seront plus concentrés.

→ ....

c. Les entreprises développent des systèmes de visioconférence. Les cadres n'auront pas à se déplacer pour les réunions.

→ ....

d. Je vais régulièrement sur des sites Internet de radios françaises. J'améliore ma compréhension orale.

→ ....

e. J'ai envoyé l'invitation pour ma fête d'anniversaire sur Facebook. Tout le monde saura la date et l'heure.

→ ....

f. Les enfants devraient passer moins de temps devant l'ordinateur. Ils éviteront de devenir accros aux jeux vidéos

→

[LA NÉGATION ET LA RESTRICTION] p. 61

6 Mettez les phrases à la forme négative à l'aide des mots entre parenthèses.

a. Tu allumes l'ordinateur dès 8 h du matin alors que tu as déjà pris ton petit déjeuner. (pas encore)

→ ....

b. Tu me parles encore. (plus du tout)

→ ....

c. Cette semaine, tu as sorti la poubelle, lavé la vaisselle et cuisiné. (ni, ni)

→ ....

d. Je te supporte encore. (plus)

→ ....

e. Tu m'as toujours traitée comme ça. (jamais)

→ ....

f. Et ne fais pas semblant de comprendre ! (pas)

→ ....

g. J'aurais dû me marier avec toi. (jamais)

→ ....

[LA NÉGATION ET LA RESTRICTION] p. 61

7 Remettez les mots dans l'ordre pour former des phrases.

a. Ici – fait – ne – on – que – travailler.

→ ....

b. Elle – a – chance. – de – jamais – n'

→ ....

c. Il – appelle – avant. – comme – du – m' – ne – plus – tout

→ ....

d. Je – comment – faire – marcher – mon – ne – pas – sais – smartphone.

→ ....

e. Il – agit – d' – du – logiciel. – ne – nouveau – pas – s' – tout – un

→ ....

f. Prenzi ? – Vous – acheté – application – avez – encore – l' – n' – pas

→ ....

g. On – USB – a – as – clé – la – mais – ordintateur. – pas – perdue – que – retrouvé – ton – tu

→

[LA NÉGATION ET LA RESTRICTION] p. 61

8 Reformulez les phrases suivantes pour obtenir une restriction (*ne ... que*) :

Exemple : *J'ai seulement un vieil ordinateur.* → *Je n'ai qu'un vieil ordinateur.*

a. Il reçoit seulement une chaîne de télé !

→ Il ....

b. Mon ordinateur me sert seulement à aller sur Internet.

→ Mon ordinateur ....

c. Les jeunes utilisent Internet exclusivement pour chatter.

→ Les jeunes ....

d. Ces jeux vidéo sont uniquement pour les adultes.

→ Ces jeux vidéo ....

e. Je ne regarde pas la télé sauf les informations.

→ Je ....

f. Finalement, Internet n'est pas indispensable, sauf pour les mails.

→ Finalement, Internet ....

Phonie-graphie Le son [ɛ]

[LE SON [ɛ]]

Complétez les mots avec : *è / ê / e / ei / ai / aî / et / aient.*

a. Samedi, nous avons joué notre pi.........ce de théâtre et apr.........s nous avons f.........t une petite f.........te.

b. Depuis l'âge de s.........ze ans, ...lle est all.........rgique à la cr.........e.

c. La sem.........ne d.........rni.........re j'ai envoyé une l.........ttre à mes amies japon.........ses.

d. Avant, les ch.........nes câblées ét......... payantes.

e. Je v.........s chez le coiffeur la sem.........ne proch.........ne pour me f.........re ref.........re des m.........ches.

f. Ma m.........re est m.........re de la ville de Mars.........lle, mais c'est aussi la r.........ne des b.........gn.........s.

Détente

Qui lit quoi ? Lisez la description de chaque personne et devinez quels journaux ou magazines de la liste suivante elle lit : *Nice Matin, Elle, les Inrockuptibles, l'Expansion, Gala, Paris Match, De particulier à particulier, l'Équipe, le Monde, Les cahiers du cinéma.*

*M. Riou habite sur la Côte d'Azur. Il suit l'actualité locale car il s'intéresse aux brocantes de sa région. Il aime aussi connaître la météo pour son potager. Il fait partie d'un ciné-club.

→ ...., ...

*Marine est couturière dans une grande maison de couture à Paris. Elle suit bien sûr les tendances de la mode et elle est toujours prête à se rendre à un événement culturel, tout particulièrement aux concerts de rock. Elle veut acheter une voiture d'occasion et depuis un mois, elle épluche les petites annonces.

→ ...., ..., ...

*Julien Partaud est responsable d'un fonds d'investissement dans une grande banque. Il vit entre Francfort et Paris. Il suit essentiellement l'actualité et surtout les nouvelles économiques françaises. Par ailleurs, il aime tous les sports surtout le golf. Il est toujours au courant des tournois en cours.

→ ...., ..., ...

*Mme Rousseau aime bien lire les revues féminines quand elle est chez le coiffeur. Elle ne le dit pas, mais elle apprécie la presse « people », surtout les magazines qui parlent des familles royales.

→ ...., ..., ...

Compréhension écrite

Lisez l'article et répondez aux questions. Quand c'est demandé, justifiez votre réponse avec une phrase du texte.

HUIT FRANÇAIS SUR DIX FRÉQUENTENT LES RÉSEAUX SOCIAUX

Les internautes français sont de plus en plus « accros » aux réseaux sociaux et 77 % d'entre eux sont inscrits sur des sites comme Facebook, Twitter ou LinkedIn, qu'ils fréquentent tous les jours ou presque pour les deux tiers d'entre eux, selon une étude Médiamétrie publiée jeudi 19 juillet.

« *C'est un plébiscite : 99 % des internautes connaissent au moins un réseau social, 77 % y sont inscrits et l'on compte 1,6 million d'inscrits supplémentaires en un an* », selon cette étude conduite en ligne fin mai auprès de 3 120 internautes âgés de 13 ans et plus. « *Les internautes sont de plus en plus « accros » aux réseaux sociaux, qui font désormais partie des pratiques quotidiennes : près de 2 inscrits sur 3 les fréquentent tous les jours ou presque* », résume ce baromètre annuel des réseaux sociaux.

À CHAQUE RÉSEAU SON USAGE

En s'inscrivant sur plusieurs réseaux sociaux, « *les internautes ont des attentes différentes* », souligne Médiamétrie. Facebook est privilégié pour « *partager des expériences avec ses proches* », le réseau professionnel Viadeo « *ouvre notamment à de nouvelles opportunités* » pour l'emploi, et Twitter « *est avant tout utilisé pour partager des informations et des articles* ».

« *Les internautes ne s'inscrivent plus sur un, mais sur plusieurs réseaux sociaux, selon ce qu'ils souhaitent y faire. Et ils y sont connectés à tout instant, en mobilité et même sur leur lieu de travail* », souligne Médiamétrie. Le phénomène « *concerne désormais presque toutes les tranches d'âge* », et les CSP+* sont ceux qui cumulent « *le plus les inscriptions à au moins 4 réseaux* », selon l'étude.

Le Monde.fr avec AFP, 19 juillet 2012.

---

* CSP+ : catégories socioprofessionnelles supérieures

1 Ce texte a pour but de :
- O décrire l'utilisation des réseaux sociaux en France.
- O prévenir les Français des dangers des réseaux sociaux.

2 Quel synonyme de « dépendants » est utilisé dans cet article ?

....

3 Plus des trois quarts des Français :
- O vont sur les réseaux sociaux tous les jours.
- O ont un compte sur un réseau social.

4 Le nombre d'inscriptions augmente.
- O Vrai
- O Faux

Justification : ....

....

5 À quoi sert Viadéo ?
- O À s'informer sur l'actualité
- O À garder le contact avec ses amis
- O À trouver du travail

6 À quoi sert Twitter ?
- O À s'informer sur l'actualité
- O À garder le contact avec ses amis
- O À trouver du travail

7. A quoi sert Facebook ?
- O À s'informer sur l'actualité
- O À garder le contact avec ses amis
- O À trouver du travail

8 Les Français sont connectés aux réseaux sociaux en permanence.
- O Vrai
- O Faux

Justification : ....

....

9 Les réseaux sociaux restent majoritairement fréquentés par les jeunes.
- O Vrai
- O Faux

Justification : ....

....

Production écrite

Le journal *Humains* fait un appel à contributions pour son numéro : « Réseaux sociaux : quels effets sur notre vie quotidienne ? »
Vous avez envie de nous faire partager votre expérience des réseaux sociaux et votre analyse de son influence sur notre vie quotidienne ? N'hésitez pas à nous écrire pour nous soumettre un article sur ce thème.

Vous répondez à cette annonce et envoyez au journal *Humains* un article sur le thème des réseaux sociaux dans lequel vous décrirez votre expérience et vous exposerez votre opinion de manière argumentée (160 à 180 mots).

ENTRE NOUS...

Dossier 1 C'est de famille

[LA FAMILLE] p. 70

1 Cherchez de quel membre de la famille il s'agit.

a. Michel est le mari de ma sœur, c'est mon ....

b. Elliot est le fils de mon frère, c'est mon ....

c. Christelle est la fille de ma tante, c'est ma ....

d. Si je me marie avec Amélie, alors son père sera mon ....

e. Solène est la petite-fille de sa ....

f. Monique est la sœur de ma mère, c'est ma ....

g. Achille est le fils du nouveau mari de ma mère, c'est mon ....

[LA FAMILLE] p. 70

2 Complétez le texte avec les mots suivants : *l'époux / femmes / séparation / la famille / femmes au foyer / progéniture / rôles.*

Le rôle et le statut des .... ne sont pas toujours bien définis. Pourtant, elles ont une multitude de .... : elles s'occupent de la maison, de leur .... , font les courses et une foule de tâches domestiques qui devraient être valorisées au même titre que le travail d'autres .... En effet, gérer la maison et .... peut être comparé à la gestion d'une entreprise ! De plus, dans certains cas, cela peut même créer vis à vis de .... , une dépendance financière qui peut entraîner de grandes difficultés en cas de ....

[LA FAMILLE] p. 70

3 Remettez les parties de ce texte dans l'ordre.

a. Par exemple, les règles de fonctionnement et les manières de nommer ses membres diffèrent selon les pays, les cultures et les traditions.

b. Elle représente 73 % des familles.

c. Cependant, la famille traditionnelle est encore le modèle le plus répandu de nos jours.

d. En effet, la famille traditionnelle, qui était la norme jusque dans les années 1960, a vu apparaître de nouvelles formes de familles : monoparentales et recomposées.

e. Par ailleurs, si elle est généralement constituée des parents et de leurs enfants, l'observation des modèles familiaux dans le monde montre que la famille est avant tout une construction sociale.

f. En France, le modèle familial a subi une grande évolution ces 50 dernières années.

g. C'est ainsi que sa définition peut prendre des sens différents. Pour les historiens, une famille est un ensemble de personnes ayant un lien de parenté, mais pour les sociologues, ce sont des personnes habitant sous le même toit.

1 → .... ; 2 → .... ; 3 → .... ; 4 → .... ; 5 → .... ; 6 → .... ; 7 → ....

[LA SANTÉ] p. 70

4 Complétez le dialogue avec : *température / sirop / gorge / tousse / bouche / mal.*

LE MÉDECIN : Qu'est-ce qui ne va pas aujourd'hui ? Vous avez .... quelque part ?

LE PATIENT : J'ai de la fièvre et la .... qui me pique.

LE MÉDECIN : Ouvrez la .... et faites aaahh !

LE PATIENT : C'est grave Docteur ?

LE MÉDECIN : Oui, vous avez une angine. Avez-vous pris votre .... ?

LE PATIENT : J'ai 38,5 et je .... aussi.

LE MÉDECIN : Dans ce cas, je vous prescris ce .... contre la toux et des antibiotiques. Et surtout, restez au chaud !

[LA SANTÉ] p. 70

5 Trouvez l'intrus dans les listes de mots.

a. du sirop – des macarons – de l'aspirine – des pansements

b. la main – le pouce – le poignet – le nez

c. le médicament – l'infirmier – le chirurgien – le dentiste

d. la grippe – l'angine – le cœur – la varicelle

e. guérir – soigner – éternuer – opérer

[LE COMPARATIF ET LE SUPERLATIF] p. 72

6 Complétez ces phrases avec *meilleur(e)s* ou *mieux*. Faites les accords quand c'est nécessaire.

a. Mon père cuisine beaucoup .... que ma mère.

b. J'ai une .... vie que mes grands-parents qui ont connu la guerre.

c. .... vaut être riche et en bonne santé que pauvre et malade !

d. Les .... médicaments ne sont pas nécessairement les plus chers.

e. Les conditions d'hygiène et de santé sont .... de nos jours qu'au Moyen Âge.

f. La .... chose à faire, c'est de manger .... et moins si tu veux entrer dans cette robe à Noël.

g. Le gâteau au chocolat de ma tante est .... que le mien.

[LE COMPARATIF ET LE SUPERLATIF] p. 72

7 Mettez les adjectifs entre parenthèses au superlatif, sans oublier l'accord quand c'est nécessaire.

Exemple : *Appeler ton bébé Napoléon ? C'est l'idée (fou) la plus folle qui soit !*

a. Jeannette a 99 ans ! C'est *(vieux)* .... résidente de la maison de retraite.

b. Mes sœurs n'ont pas apprécié mon dessert. Ce sont *(gourmand)* .... de la famille.

c. J'adore ma grand-mère, c'est la personne *(généreux)* .... qui soit.

d. Quelle horreur… Ce sont les cadeaux *(original)* .... que j'ai reçus pour mon anniversaire.

[LE COMPARATIF ET LE SUPERLATIF] p. 72

8 Complétez le texte en mettant les mots entre parenthèses au comparatif ou au superlatif.

Quand Héloïse était *(jeune)* ...., elle voulait être vétérinaire. Comme elle était aussi une excellente musicienne, ses parents l'ont inscrite à *(bonne)* .... école de musique de Nice où elle est devenue *(brillante)* .... de tous les élèves. En effet, elle avait *(talent)* .... que les autres. Aujourd'hui, c'est une violoniste très demandée. Elle se produit sur *(grandes)* .... scènes et voyage autour du monde. Malheureusement, Héloïse est *(présente)* .... à Nice que dans le passé et consacre *(temps)* .... à sa famille. La musique, c'est ce qui lui procure *(plaisir)* ....

[L'OPPOSITION ET LA CONCESSION] p. 73

9 Entourez le connecteur qui convient.

a. Ma fille aînée est très sportive *tandis que / même si* ma fille cadette déteste le sport.

b. J'ai attrapé la grippe, *pourtant / au contraire* je suis toujours bien couvert quand je sors.

c. *Bien que / Malgré* Paul sache la vérité, il ne veut rien dire à ses parents.

d. Vérane insiste auprès d'Hervé pour qu'ils se marient, *mais / bien qu'* il dit qu'il n'est pas prêt.

e. Cette adolescente fait preuve de beaucoup de maturité *malgré / même si* son jeune âge.

f. Autrefois, ma grand-mère lavait tout son linge à la main *au lieu de / alors que* maintenant on le lave à la machine.

g. Les jeunes sont attirés par les jeux vidéo. *En revanche / Pourtant* leurs grands-parents préfèrent regarder la télévision tranquillement.

[L'OPPOSITION ET LA CONCESSION] p. 73

10 Complétez cette lettre avec : *pourtant / malgré / même si / bien que*.

Chère Madame,

Mon petit Maxime a prêté son vélo bleu à votre garçon il y a déjà deux semaines et .... de nombreuses relances auprès de votre fils, il ne l'a toujours pas récupéré. .... votre fils soit très gentil, il ne l'a toujours pas rendu à Maxime. ...., ce n'est pas un cadeau ! .... ce vélo lui plaît beaucoup, ce n'est pas le sien !

J'espère que ce n'est qu'un malentendu.

Cordialement,

Sylvie.

[L'OPPOSITION ET LA CONCESSION] p. 73

11 Associez les débuts de phrase à leur fin.

a. Les grands-parents s'investissent de plus en plus dans l'éducation de leurs petits-enfants, cependant •	• **1.** elle ne lui dit pas tous ses secrets.
b. Hannah se confie souvent à sa mère même si •	• **2.** elle souhaite fonder une famille au plus vite.
c. Malgré les progrès de la médecine, •	• **3.** elles n'ont que deux enfants en moyenne.
d. Le taux de natalité des Françaises est très élevé au niveau européen alors qu' •	• **4.** il est très malade.
e. Il refuse de prendre ses médicaments, pourtant •	• **5.** il y a encore trop de mortalité infantile dans le monde.
f. Bien qu'elle soit encore très jeune, •	• **6.** ils doivent rester discrets et ne pas remplacer les parents.

Dossier 2 Affaires de cœur

[LES SENTIMENTS ; L'AMITIÉ, L'AMOUR] p. 81

1 Quels sentiments éprouvent-ils ? Reliez chaque phrase à un sentiment.

a. Ce sont des copains inséparables depuis le lycée. •	• **1.** l'affection
b. Jacques considère le travail de sa femme avec respect. •	• **2.** l'amitié
c. Il ne ressent aucun sentiment. •	• **3.** l'amour
d. La tendresse que lui porte sa grand-mère est sans limites. •	• **4.** l'estime
e. Elle est très en colère contre Marc qui l'a quittée pour sa meilleure amie. •	• **5.** l'indifférence
f. Laure et Abdel se sont fiancés dimanche dernier. •	• **6.** la haine
g. Ils ressentent une forte attirance l'un envers l'autre. •	• **7.** le désir

[LES SENTIMENTS ; L'AMITIÉ, L'AMOUR] p. 81

2 Trouvez les contraires de ces adjectifs et dites s'ils ont un sens positif (+) ou négatif (-).

Exemple : *méchant => **gentil** (+).*

a. fort → .... : (..........)

b. généreux → .... : (..........)

c. hypocrite → .... : (..........)

d. distingué → .... : (..........)

e. courageux → .... : (..........)

[LES SENTIMENTS ; L'AMITIÉ, L'AMOUR]

p. 81

3 Verbes et amour. Terminez ces phrases en complétant avec : *Virginie / à Virginie / de Virginie / avec Virginie.*

a. Paul apprécie ....

b. Il est tombé amoureux ....

c. Il sourit ....

d. Il sort ....

e. Il plaît ....

f. Il s'entend bien ....

g. Il embrasse ....

h. Il se marie ....

i. Il épouse ....

j. Mais, Paul divorcera ....

[LES SENTIMENTS ; L'AMITIÉ, L'AMOUR]

p. 81

4 Remettez les phrases dans l'ordre pour reconstituer cette lettre.

a. De plus, je ne partage pas ta vision de l'avenir.

b. Ta demande en mariage me touche beaucoup, mais nous nous sommes rencontrés il y a seulement deux semaines !

c. Et même si nous avons eu un coup de foudre, notre passion ne durera pas éternellement.

d. Fanny

e. Cher Félix,

f. Avoir trois enfants, un chien et acheter une maison, ce n'est pas mon rêve !

g. Je préfère te quitter maintenant et te souhaite bonne chance dans la vie. Adieu,

h. Je pense que je suis encore trop jeune pour ça.

1 → .... ; 2 → .... ; 3 → .... ; 4 → .... ; 5 → .... ; 6 → .... ; 7 → .... ;
8 → ....

[L'EXPRESSION DE L'OPINION] p. 78

5 Indicatif ou subjonctif ? Choisissez le temps et le mode qui conviennent.

a. Je suis persuadé que Susy et moi *sommes / soyons* nés le même jour.

b. Je crois que Pierre et Henri *sont / soient* jumeaux.

c. Il est possible qu'il ne *connaît / connaisse* pas la date de mon anniversaire.

d. Croyez-vous que je *peux / puisse* l'inviter à dîner chez moi ?

e. Je me doute qu'à 15 ans, Juliette *vit / vive* encore chez ses parents.

f. Il est vraisemblable qu'ils *feront / fassent* une grande fête pour leurs noces d'or.

g. Je sais que Nora *se sent / se sente* très triste depuis qu'Éric l'a quittée.

h. Elle n'est pas certaine que Léo *a / ait* de l'affection pour elle.

i. Je suis sûr que nous ne *divorcerons / divorcions* jamais.

j. On dit que les Français *sont / soient* romantiques.

[L'EXPRESSION DE L'OPINION] p. 78

6 Conjuguez les verbes de ce dialogue au subjonctif ou à l'indicatif présent.

– Tiens, il paraît que Mano et Séverine (aller) .... se marier.

– Ah oui ? Tu es sûr que cette information (être) .... exacte ?

– C'est Mayana qui me l'a dit.

– Dans ce cas, il est possible qu'elle (dire) .... la vérité.

– En effet, je doute qu'elle (mentir) .... sur ce sujet.

– Oui, tu as raison. Et la date de la cérémonie est déjà fixée ?

– Ce sera le 21 juin. Il se peut qu'ils (faire) .... leur voyage de noces la semaine suivante.

– Et tu sais où ils ont prévu d'aller ?

– Je crois qu'ils (vouloir) .... aller à Bali.

– Quand je pense que je (être) .... encore célibataire, ça me déprime.

– Ne t'en fais pas. Mieux vaut être seul que mal accompagné.

[L'EXPRESSION DE L'OPINION] p. 78

7 Indicatif ou subjonctif ? Transformez les phrases comme dans l'exemple.

Exemple : *Le mariage rend heureux. (Je ne suis pas sûre) → Je ne suis pas sûre que le mariage rende heureux.*

a. Il veut divorcer. (Je doute)

→ Je doute ....

b. Il ne sait pas exprimer ses sentiments. (Il se peut)

→ Il se peut ....

c. Il est ridicule de dépenser une fortune pour une robe de mariée. (Elle pense)

→ Elle pense ....

d. Enzo sera le témoin de mariage d'Émilie. (Il est possible)

→ Il est possible ....

e. Elle a le cœur brisé. (Il semble)

→ Il semble ....

f. Il sort avec Valentine depuis peu. (Il me semble)

→ Il me semble ....

g. Elle vit le grand amour en ce moment. (Crois-tu ?)

→ Crois-tu .... ?

[L'EXPRESSION DE L'OPINION] p. 78

8 Associez les débuts de phrase à leur fin.

a. Il semble que le PACS •	• **1.** ait de plus en plus de succès.
b. En ce qui me concerne, •	• **2.** est nécessaire dans un couple.
c. Je pense que la Saint-Valentin •	• **3.** est très romantique.
d. Je ne suis pas certain que les sites de rencontres •	• **4.** est une fête trop commerciale.
e. Il est évident que la confiance •	• **5.** la vie de couple n'est pas faite pour moi.
f. Selon moi, dîner aux chandelles •	• **6.** permettent de rencontrer l'âme sœur.

Phonie-graphie Le son [Ø]

[LE SON [Ø]]

Complétez les mots avec : *eu / eue / eus / eut / eux / œu / eux.*

a. Elle est h.......... r .... se que le vi .... Mathi .... se porte de mi .... en mi ....

b. Ils se sont vus j.......... di dans la qu .... d'un cinéma de banli ....

c. Elle est très fleur bl.......... avec son petit n .... d dans les chev ....

d. Ses nev.......... ont les y .... bl ....

e. Son d..........xième mari v .... des ....fs au petit-déj ....ner.

Détente

Quel est le sens de ces phrases ? Cochez la réponse correcte.

1. Grand-père commence à perdre la boule.

O Il devient chauve.

O Il a des trous de mémoire.

2. Bilal n'est pas dans son assiette aujourd'hui.

O Il ne se sent pas bien.

O Il a perdu l'appétit.

3. Chloé est souvent de mauvais poil.

O Elle est souvent de mauvaise humeur.

O Elle ne va pas régulièrement chez le coiffeur.

4. Gilbert vient de tomber dans les pommes.

O Il s'est évanoui.

O Il s'est cassé une jambe.

5. J'ai le moral à zéro.

O J'ai les oreilles bouchées.

O Je suis déprimé.

Compréhension écrite

Lisez ce document et répondez aux questions. Quand c'est demandé, justifiez vos réponses par une phrase du texte.

L'HUMOUR ? OUI, MAIS LE BON !

L'humour joue un rôle clé dans notre vie. En plus de nous permettre de mieux tolérer notre stress quotidien, celui-ci nous aide à tisser des liens avec nos semblables, surtout si celui-ci fait mouche. Qu'est-ce qui prédit alors un bon sens de l'humour (soit l'aptitude à faire percevoir à son auditoire les aspects drôles et insolites d'une réalité) ?

Pour certains chercheurs, tout serait question d'estime de soi et de narcissisme (entendu comme l'amour qu'un individu se porte à lui-même). Les personnes ayant une grande confiance en elles auraient un sens de l'humour particulièrement adapté et apprécié (plaisanteries fines et pertinentes tournées vers soi ou vers les autres). À l'inverse, les personnes ayant une estime de soi plus fragile auraient un humour inadapté et maladroit (plaisanteries agressives et autodévalorisantes). Ces « mauvais humoristes » seraient plus timides, voire dépressifs. D'autres chercheurs sont allés plus loin et ont interrogé la capacité réelle des individus à rire d'eux-mêmes (considéré comme le niveau d'humour le plus difficile à atteindre). Leur verdict ? Les personnes de bonne humeur et habitées d'une certaine joie de vivre seraient les plus aptes à rire d'elles-mêmes, et ainsi à accepter leurs travers et leurs faiblesses.

Qu'en est-il alors du rôle de l'humour dans les premiers pas de nos relations amoureuses ? Au cours des premiers rendez-vous, l'homme aurait tendance à vouloir charmer la femme en essayant d'être drôle, tandis que celle-ci occuperait une partie de ce temps à évaluer le potentiel humoristique de son prétendant. L'intérêt d'une femme pour un homme se décuplerait alors si les plaisanteries de monsieur font mouche ! Ce n'est pas tout : une fois cette première phase de séduction dépassée, l'humour conserve un rôle majeur chez les jeunes couples. D'autres études suggèrent en effet que la satisfaction d'une relation de couple reposerait principalement sur l'appréciation réciproque de l'humour chez les deux partenaires au quotidien.

Héloïse Junier, *Sciences Humaines*, n° 233, janvier 2012.

1 Cet article du magazine *Sciences Humaines* a paru dans la rubrique :

O sciences politiques.

O actualité de la recherche.

O philosophie.

2 Selon les chercheurs, quels traits de notre personnalité facilitent la capacité à avoir le sens de l'humour ? Citez 3 aspects.

.................................., ...,

....

3 Les personnes ayant peu d'humour ont tendance à être en retrait des autres.

O Vrai

O Faux

Justification : ....

....

4 Avoir un sens de l'humour bien developpé permet :

O d'être en forme et en bonne santé.

O de raconter des histoires drôles en toutes circonstances.

O de rire de soi.

5 Avec de la bonne humeur et le sens de l'humour, on accepte mieux ses défauts.

O Vrai

O Faux

Justification : ....

....

6 Les femmes séduisent les hommes avec leurs plaisanteries.

O Vrai

O Faux

Justification : ....

....

7 Qu'est-ce qu'une plaisanterie qui fait mouche ?

O Une bonne blague.

O Une blague sur les mouches.

O Une mauvaise blague.

8 L'humour est l'ingrédient essentiel d'une vie de couple réussie.

O Vrai

O Faux

Justification : ....

....

Production écrite

Vous donnerez votre point de vue argumenté sur la page de ce forum. (160 à 180 mots)

FORUM Psychologie

L'amour sur le net, ça existe ? Vous l'avez rencontré ? Que pensez-vous des sites de rencontres ? Permettent-ils de faire des rencontres sérieuses ?

Votre opinion nous intéresse.
Merci pour vos témoignages !

À L'HORIZON

Dossier 1 Bon voyage !

[LE VOYAGE] p. 88

1 Complétez le texte avec les mots suivants : *demi-pension / destination / tourisme de masse / visite / séjour / passer du temps / office du tourisme / pique-niques / balades*.

Depuis les années 1990, la France est devenue la première .... touristique mondiale. Si la ville de Paris accueille un .... depuis bien longtemps, d'autres régions attirent aussi les étrangers. C'est le cas des Pays de la Loire, région qui propose la .... de châteaux merveilleux.

Si vous avez décidé de .... en France, organisez bien votre .... pour ne pas payer trop cher. Renseignez-vous sur Internet, n'hésitez pas à téléphoner à un .... Si vous allez à l'hôtel, préférez une formule en .... : vous pourrez ainsi découvrir la gastronomie locale dans les petits restaurants typiques. Si vous partez en été, vous pouvez faire des .... Lors de vos .... , n'hésitez pas à vous adresser aux habitants pour pratiquer votre français.

[LE VOYAGE] p. 88

2 Associez les éléments qui correspondent.

a. le voyage « routard » •	• **1.** faire du tourisme bien-être
b. la visite de sites archéologiques •	• **2.** faire un séjour culturel
c. le luxe •	• **3.** faire un voyage d'affaires
d. un voyage en amoureux •	• **4.** faire une croisière
e. un congrès professionnel •	• **5.** partir en voyage de noces
f. la traversée d'un océan •	• **6.** partir à l'aventure
g. une thalassothérapie •	• **7.** séjourner dans un hôtel 5 étoiles

[LE PLUS-QUE-PARFAIT] p. 90

3 Associez les éléments pour former des phrases.

a. Ce site antique a été découvert •	• **1.** car elle m'avait dit qu'elle n'était pas libre.
b. Quand j'étais petite, •	• **2.** car il y avait eu un accident sur l'autoroute.
c. Marie est arrivée en retard à l'aéroport •	• **3.** car j'ai besoin de me reposer.
d. Je n'ai pas invité ma cousine •	• **4.** depuis qu'une nouvelle ligne aérienne a été ouverte.
e. Je n'ai pris qu'une semaine de congés •	• **5.** mes parents m'ont emmenée au Canada.
f. J'ai dû m'acheter une nouvelle valise •	• **6.** par un archéologue qui étudiait la zone.
g. Il y a de plus en plus de touristes •	• **7.** parce que la mienne avait été perdue par la compagnie aérienne.
h. J'étais à la plage •	• **8.** parce que mon chef avait besoin de moi au mois d'août.
i. J'ai prévu de partir en Bretagne •	• **9.** quand vous êtes arrivés au camping.

[LE PLUS-QUE-PARFAIT] p. 90

4 Conjuguez les verbes entre parenthèses au plus-que-parfait.

a. J'ai dû retourner à l'hôtel car j' (oublier) .... mon portefeuille.

b. Il n'a pas visité la tour Eiffel car il y (déjà aller) .... lors de son premier séjour.

c. Je ne t'ai pas rapporté de souvenirs parce que tu m' (dire) .... que tu n'aimais pas ça.

d. J'ai bien aimé ce voyage, mais j'ai préféré celui que nous (faire) .... en 2006.

e. Il m'a dit que son voyage (ne pas bien se passer) ....

f. Je ne savais pas que Marc (prévoir) .... de s'installer en Californie.

g. Tout le monde pensait qu'il (se perdre) .... dans la forêt amazonienne.

h. Tu n'as pas encore terminé de faire ta valise ? Je pensais que tu l' (déjà faire) ....

[LE PLUS-QUE-PARFAIT] p. 90

5 Conjuguez les verbes de ce récit au passé (imparfait, passé composé ou plus-que-parfait).

Le blog de Marion

Cet été je (partir) .... trois mois en Indonésie. J' (faire) .... beaucoup de voyages quand j' (être) .... plus jeune, mais celui-ci m' (plaire particulièrement) ....

Pourtant j' (avoir) .... plein de mésaventures pendant ce voyage. D'abord, quand je (arriver) .... à l'aéroport de Jakarta, la compagnie aérienne (perdre) .... ma valise. En fait, elle (rester) .... à Paris. J' (devoir) .... attendre deux jours avant de pouvoir la récupérer.

Ensuite, ma réservation à l'hôtel (ne pas être) .... enregistrée et il (ne plus avoir) .... de chambre libre. J' (chercher) .... une chambre pendant une heure avant d'en trouver une. Heureusement, j' (rencontrer) .... des gens très gentils à l'office du tourisme. Ils m' (aider) .... à trouver une chambre dans un autre hôtel. Puis, j' (prévoir) .... de voyager dans le pays, mais il y (avoir) .... de grosses inondations pendant les semaines précédentes et beaucoup de routes (être) .... impraticables. Mais finalement, j' (passer quand même) .... de très bons moments, j' (découvrir) .... plein de choses et je (revenir) .... enchantée de mon voyage.

[LES INDICATEURS DE TEMPS]

p. 91

6 Cochez la bonne réponse.

a. Je suis revenu de voyage...

O hier.
O la semaine prochaine.
O après-demain.

b. ... je vais aller me baigner à la plage.

O Ce jour-là
O Aujourd'hui
O La veille

c. Déborah est allée à la préfecture renouveler son passeport...

O le surlendemain.
O après-demain.
O demain.

d. Nous partons au Burkina Faso...

O hier.
O il y a un mois.
O la semaine prochaine.

e. ..., Philippe était allé faire du camping en Autriche.

O L'année prochaine
O L'année précédente
O Le mois prochain

f. ... il faisait très beau alors les enfants étaient allés se promener.

O Aujourd'hui
O Le mois suivant
O Ce jour-là

g. Mardi, j'étais fatiguée car j'avais fait une randonnée...

O le lendemain.
O la veille.
O hier.

h. C'est dommage que tu ne puisses pas venir samedi, mais j'espère que tu pourras venir...

O demain.
O hier.
O la semaine dernière.

[LES INDICATEURS DE TEMPS] p. 91

7 Complétez le texte avec les mots suivants : *l'année suivante / chaque année / le lendemain / la veille / ce moment-là / ce jour-là / la semaine prochaine / l'année d'avant / demain.*

C'était en 1967 et .... c'était la fête nationale. ....,
nous organisions un défilé de chars dans ma ville. J'étais très impatient car j'allais conduire le char de ma corporation : je suis boulanger. C'était un moment particulier pour moi car j'allais partir pour le service militaire .... Nous étions tous très excités, mais aussi très fatigués car nous nous étions occupés des derniers préparatifs jusque très tard .... Le matin à 11 heures, le défilé a commencé. Tout à coup, sur le char des infirmiers, j'ai aperçu une jeune fille resplendissante. C'était Aurélie, je ne l'avais pas vue depuis .... car elle était partie étudier à l'étranger. C'était un vrai coup de foudre.
Le soir, il y avait le bal et je l'ai invitée à danser. Je suis parti au service militaire et quand je suis revenu ...., nous nous sommes mariés. Depuis ...., nous ne nous sommes plus quittés. .... nous allons fêter nos 25 ans de mariage et .... nous partons en voyage à Venise.

Dossier 2 Bonne route !

[LES TRANSPORTS] p. 99

1 Complétez le dialogue avec les mots suivants : *le covoiturage / le véhicule / l'heure de départ / un aller-retour / un trajet / la correspondance / les tarifs / le train / l'essence.*

WITOLD : Alors, tu pars en Dordogne cet été ?

FRANÇOIS : Oui, mais je ne sais pas encore comment. .... est devenu trop cher. Il n'y a même pas de réduction si on prend ....

WITOLD : Tu as raison, j'ai vu .... de la SNCF et c'est très cher. Mais tu ne connais pas .... ?

FRANÇOIS : Qu'est-ce que c'est ?

WITOLD : Des gens proposent .... sur un site Internet. Ils vont faire un voyage et il reste de la place dans leur voiture. C'est super car si on partage ...., on paye moins cher pour ....et on rencontre des gens. Que des avantages !

FRANÇOIS : C'est vrai ça. Et puis je peux peut-être trouver quelqu'un qui part de Rennes et qui va directement en Dordogne. Ça m'éviterait .... que je dois toujours faire à Paris. C'est super, donne-moi l'adresse du site.

WITOLD : Ok, je te l'envoie par mél, mais fais attention à te mettre bien d'accord sur .... avec les autres personnes. Tu pourrais avoir une mauvaise surprise.

À z [LES TRANSPORTS] p. 99

2 Voici des expressions avec le mot « train », retrouvez la définition qui correspond à chacune d'entre elles.

a. prendre le train en marche : •	• **1.** avancer vite
b. avoir un train de retard : •	• **2.** avoir une vie luxueuse
c. aller à un train d'enfer : •	• **3.** la routine
d. un boute-en-train : •	• **4.** ne pas être au courant de quelque chose de connu
e. aller bon train : •	• **5.** participer à un projet qui a déjà commencé
f. le train-train quotidien : •	• **6.** quelqu'un qui amuse les autres
g. mener grand train : •	• **7.** se déplacer à une allure très rapide

[LES INDICATEURS DE TEMPS] p. 96

3 Associez pour former des phrases.

a. Je pars aux États-Unis •	• **1.** dans cinq minutes.
b. Je n'ai pas pris de congés •	• **2.** depuis deux ans.
c. J'ai réussi à faire le voyage •	• **3.** depuis qu'il voyage pour son travail.
d. Je me dépêche, je suis là •	• **4.** en moins de trois heures.
e. J'ai vécu à Dubaï •	• **5.** il a acheté son billet un mois à l'avance.
f. Mes parents me laisseront voyager seul •	• **6.** pendant dix ans.
g. Pour avoir un tarif plus intéressant, •	• **7.** pour trois mois.
h. C'est l'homme le plus heureux du monde •	• **8.** quand j'aurai 18 ans.

[LES INDICATEURS DE TEMPS] p. 96

4 Complétez le texte avec des indicateurs temporels qui conviennent : *depuis / depuis que / il y a*.

a. Selon moi, ... Romain est en vacances, il est beaucoup plus détendu !

b. Elle n'a pas pris de vacances .... l'été dernier.

c. Ils sont inquiets .... leur fils est parti seul en Inde.

d. .... 20 ans, j'aimais bien partir seul avec mon sac à dos au bout du monde.

e. Marie n'est pas repartie en voyage .... l'âge de 20 ans.

f. Nous pouvions encore changer notre billet .... trois jours, mais maintenant c'est trop tard.

g. Nous avons fait notre voyage de noces .... 25 ans.

[LES INDICATEURS DE TEMPS] p. 96

5 Complétez le texte avec les indicateurs temporels qui conviennent : *depuis qu' / depuis que / pendant / pour / en / il y a / depuis / dans*.

Cher Hugo,

J'espère que tu vas bien. Je ne t'ai pas écrit .... on s'est vus à Bordeaux pour le séminaire. Désolée, j'ai eu beaucoup de travail. Comme tu le sais, je devais écrire une série d'articles pour *Courrier International* sur les transports du futur et tout cela .... moins de deux semaines. Tu te rends compte ! Enfin, j'ai terminé .... une semaine et je peux maintenant me reposer. Je saurai si mes articles sont acceptés .... une dizaine de jours.

J'ai reçu une proposition de formation à Paris, ... deux jours, et j'ai donc prévu de venir .... deux semaines au mois de juin. Je voulais savoir si tu accepterais de m'héberger .... mon séjour.

Tu verras, j'ai fait beaucoup de progrès aux échecs .... la dernière fois, je pourrais même peut-être te battre...

À très bientôt, je t'embrasse.

Babeth

[LES INDICATEURS DE TEMPS] p. 96

6 Compétez le texte avec les éléments suivants : *avant / avant de / avant d' / après / après que / après qu'*.

a. J'ai acheté un guide touristique .... mon départ, il m'a beaucoup servi pendant le voyage.

b. Il est arrivé .... le départ du train, il l'a raté.

c. Nous sommes arrivés .... il a décidé de partir.

d. Il faut trouver quelqu'un qui s'occupe des plantes .... nous partions.

e. Vérifie que tu as bien pris ton passeport .... prendre l'avion.

f. Léo s'est lancé dans la danse Bollywood .... être revenu d'Inde.

g. En avion, il faut mettre sa ceinture .... atterrir.

h. Je ne reviendrai qu'.................................. avoir fait le tour du monde.

[LES INDICATEURS DE TEMPS] p. 96

7 Choisissez l'élément qui convient.

a. Il est parti *pendant qu' – avant qu' – aussitôt qu'*il a eu des congés.

b. *En attendant – Aussitôt que – Au moment où* je passais la douane, je me suis rendu compte que j'avais perdu mon passeport.

c. *Une fois que – Pendant que – Alors que* j'ai acheté mon billet, c'est comme si j'étais déjà en voyage.

d. Je vous promets d'appeler *en attendant que – jusqu'à ce que – dès que* j'arrive.

e. On m'a volé mon sac *aussitôt que – dès que – pendant que* je faisais la sieste sur la plage.

f. J'ai pu récupérer ma caution *avant que – en attendant – après que* j'ai rendu les clés au réceptionniste.

g. Je resterai là *au moment où – dès que – jusqu'à ce que* vous me remboursiez mon billet.

h. Elle ne veut pas partir en vacances *pendant que – jusqu'à ce que – avant que* son fils ne termine ses examens.

i. J'ai fait un tour dans la gare *pendant que – aussitôt que – en attendant que* le train parte.

[LES INDICATEURS DE TEMPS] p. 96

8 Conjuguez le verbe entre parenthèses au temps qui convient.

a. Dès que j' (acheter) .... ma moto, je l'ai essayée sur l'autoroute.

b. Aussitôt que Laurent (obtenir) .... son permis, il est parti sur les routes.

c. Elles ont été rapatriées après qu'elles (appeler) .... le consulat.

d. Je suis arrivée au moment où le train (partir) ....

e. Vous devriez prendre des cours de conduite jusqu'à ce que vous (être) .... prêt pour l'examen.

f. J'avais très peur en voiture avant de (faire) .... ce stage de conduite.

g. Tu pourras conduire ma nouvelle voiture une fois que tu (savoir) .... conduire.

h. Il a eu un accident parce qu'il téléphonait pendant qu'il (conduire) ....

i. Alice rentrera après (faire) .... les courses pour le pique-nique.

Phonie-graphie Le son [ɛ̃]

[LE SON [ɛ̃]]

Complétez les mots avec : *in / im / yn / ein / ain / aim / oin / un*.

a. J'ai bes......... de vacances, j'en ai pl .... le dos, je ne supporte plus le tr.........-tr......... quotidien.

b. L'économie du l......... est sur le décl........., les gens en achètent m.........s.

c. Je prends .... b......... car j'ai mal aux r.........s.

d. Dem........., c'est la S.........t Mart.......... C'est le nom de mon cous..........

e. J'ai ....primé ma note de s.........thèse sur le style architectural rom..........

f. J'ai f........., je me ferais bien une omelette au romar.......... Il faut que j'achète du p......... !

g. L.........di, il a déplacé un ess......... d'abeilles et il s'est fait piquer à la m..........
Nous sommes allés chez le médec......... qui lui a donné les premiers s.........s.

Détente

Placez correctement chaque élément de la voiture.

a. le volant
b. le pare-brise
c. le rétroviseur
d. le siège
e. la portière
f. la poignée
g. la vitre
h. le levier de vitesse
i. le tableau de bord
j. le vide-poche

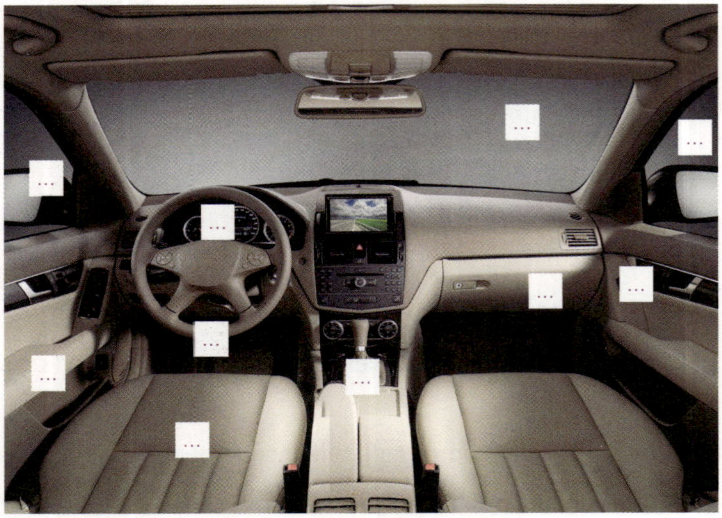

Compréhension écrite

Lisez l'article et répondez aux questions. Quand c'est demandé, justifiez vos réponses par une phrase du texte.

MOBILITÉ URBAINE : QU'EN PENSENT LES FRANÇAIS ?

Qu'est-ce que les Français pensent des problèmes de transport et de mobilité urbaine ? Des transports publics ? De la circulation des voitures en centre-ville ? Plutôt qu'un énième sondage, le Groupement des autorités responsables de transport (Gart), associé à d'autres institutions (dont l'Agence de l'environnement et de la maîtrise de l'énergie, l'Union des transports publics, etc.), a eu l'idée de réaliser une « mobiscopie » : une analyse des résultats de sondages réalisés sur ces thèmes au cours des années 1995-2000 (le cas échéant au cours des années 90). Au total plus d'une trentaine de sondages épluchés, les uns nationaux, les autres locaux ou européens, tous répondant aux exigences de représentativité. Premier enseignement : la question des transports figure en bonne place parmi les préoccupations des Français, même si elle apparaît souvent après le chômage ou l'insécurité. Des problèmes de stationnement à la pollution en passant par la sécurité routière, les Français répondent volontiers aux questions, y compris sur des sujets pointus comme l'intermodalité (l'usage de plusieurs moyens de transport au cours d'un déplacement).

Ces mêmes Français ne s'en montrent par moins contradictoires dans leurs réponses : s'ils reconnaissent la nécessité de prendre des mesures contre la pollution, les embouteillages, etc., ils ne sont pas prêts à en payer le prix. Ils admettent que les transports publics s'améliorent, sont d'accord pour faciliter l'usage du vélo, mais continuent à préférer leur voiture (ils sont une écrasante majorité à y voir un instrument de liberté). S'ils sont prêts à limiter son accès en ville, les solutions qu'ils préconisent (construction de parc relais en entrée de ville et essor des transports publics) sont jugées notoirement insuffisantes par les experts ou les élus. Ajoutons qu'ils sont aussi nombreux à aspirer à l'habitat individuel donc à vivre en périphérie et donc à utiliser plus souvent leur voiture… Plus inattendu est le sentiment des citadins face aux conditions de circulation en ville : lorsque la question porte sur leur propre expérience au quotidien, ils ne s'en plaignent pas (sauf quand la question porte sur les déplacements entre le domicile et le lieu de travail). Même les personnes vivant dans les quartiers défavorisés ne considèrent pas que l'accès au centre-ville soit un véritable problème pour elles. En fait, c'est lorsque les problèmes de pollution et les risques d'accident sont intégrés dans les questions qu'une forte majorité se dégage pour considérer l'état de la circulation en ville comme préoccupant.

Autre enseignement : les réponses données diffèrent selon que la personne interrogée habite en centre-ville ou en périphérie, dans une grande ou une petite agglomération, qu'elle utilise exclusivement la voiture ou les transports en commun, qu'elle est simple citoyen ou élu.

Sciences Humaines, n° 128, juin 2002.

1 Ce texte aborde le thème :

O des transports en ville.

O du covoiturage.

O du temps que les Français passent en voiture.

2 Le Groupement des autorités responsables des transports a :

O analysé une série de sondages.

O interrogé les usagers des transports publics dans les grandes villes.

O mené une étude environnementale.

3 La question des transports préoccupe les Français :

O après l'insécurité.

O avant le chômage.

O autant que le chômage et l'insécurité.

4 Quels sont les problèmes, cités dans le texte, sur lesquels les Français donnent facilement leur avis ?

O Les grèves dans les transports publics.

O Le stationnement.

O Le prix du carburant.

O La pollution.

O La sécurité routière.

O La politesse au volant.

5 Les Français pensent qu'il faut prendre des mesures écologiques.

O Vrai

O Faux

Justification : ....

....

6 Les Français sont tout à fait prêts à abandonner la voiture pour le vélo.

O Vrai

O Faux

Justification : ....

....

7 D'après l'article, si les Français choisissent l'habitat individuel, ils utiliseront :

O moins souvent leur véhicule.

O plus souvent leur véhicule.

O aussi régulièrement leur véhicule.

8 Les Français se sentent concernés par les problèmes de la circulation quand on leur parle :

O de la pollution.

O des risques d'accidents.

O du prix de l'essence.

O des transports publics.

Production écrite

Répondez au message de Bruno en 160-180 mots.

FORUM : DESTINATION VOYAGES

Salut les amis,

J'ai travaillé comme un fou ces derniers mois et voilà que c'est déjà les vacances. Je n'ai pas du tout eu le temps de réfléchir à une destination ou à ce que j'aimerais faire. J'ai deux semaines de congés et j'ai envie de m'évader de mon quotidien, de me changer les idées, de découvrir autre chose.
Alors, avez-vous un conseil à me donner ? Une destination, une activité, un itinéraire… Je suis ouvert à toutes les propositions, mêmes les plus folles.
Merci à tous.

Bruno

....

....

....

....

....

....

....

....

....

....

....

....

....

....

DU NÉCESSAIRE AU SUPERFLU

Dossier 1 Consommer et jeter

[L'ARGENT] p. 106

1 Reliez les contraires.

a. faire des économies •		• **1.** dépenser de l'argent	
b. emprunter de l'argent •		• **2.** payer comptant	
c. payer à crédit •	≠	• **3.** payer en liquide	
d. payer par chèque •		• **4.** perdre de l'argent	
e. gagner de l'argent •		• **5.** prêter de l'argent	

[L'ARGENT] p. 106

2 Les expressions suivantes sont-elles équivalentes ? Entourez = ou ≠ selon le cas.

a. Plaie d'argent n'est pas mortelle. = / ≠ Perdre de l'argent n'a jamais tué personne.

b. L'argent lui file entre les doigts. = / ≠ Il sait comment gagner de l'argent facilement.

c. Il prend tout pour argent comptant. = / ≠ Il croit tout ce qu'on lui dit.

d. J'ai tendance à jeter l'argent par les fenêtres. = / ≠ Je dépense sans compter.

e. En avoir pour son argent. = / ≠ Se faire arnaquer.

[LA CONSOMMATION] p. 106

3 Complétez le texte à l'aide des mots suivants : *production / intermédiaires / système / coût / salaire / producteur / produits / groupe de consommateurs / consommateurs / fruits et légumes / supermarché*.

Les AMAP (association pour le maintien de l'agriculture paysanne) ont de plus en plus de succès en France. Le principe est simple : un .... agricole est en relation avec un .... Il livre chaque semaine sa .... et les membres de l'AMAP se retrouvent pour faire les paniers et pour répartir les .... Le succès de ces associations est tel que les listes d'attente sont longues. L'avantage est que l'on sait d'où viennent les .... et on élimine les .... Donc on peut manger des aliments de qualité à moindre .... et l'exploitant agricole peut s'assurer un .... minimum toute l'année. Pour que le .... fonctionne, il faut que les membres des AMAP s'engagent à participer pour une durée minimum d'un an. Dans les AMAP, les .... deviennent acteurs et n'ont plus un rôle passif comme au ....

[LE FUTUR ET LE CONDITIONNEL]

p. 108

4 Conjuguez les verbes entre parenthèses à l'imparfait, au futur ou au conditionnel selon le cas.

a. Avant j'(aller) .... régulièrement à la piscine.
b. Si c'était possible, vous (souhaiter) .... acheter une maison ou un appartement ?
c. Quand je (être) .... prêt, je le ferai.
d. Qu'est-ce que tu (faire) .... à ma place ?
e. Quand j'étais jeune, je (faire) .... du sport, mais plus maintenant.
f. Demain, je (savoir) .... sans problème me rendre seule au rendez-vous.
g. Je (devoir) .... de l'argent à mes parents, mais j'ai tout rembourser.
h. Qu'est-ce qu'on (pouvoir) .... faire pour produire moins de déchets ?
i. Quand j'aurai un travail stable, j'(aimer) .... devenir propriétaire.

[LE CONDITIONNEL PASSÉ]

p. 108

5 Conjuguez les verbes du texte au conditionnel passé.

Si j'avais été décoratrice...

Ma maison (est) .... mon univers. J' (suis) .... passionnée par la décoration intérieure et j' (passe) .... tout mon temps libre à aménager ou à embellir les pièces de mon logis. Tous les week-ends, je (vais) .... visiter les brocantes et les salons de décoration pour dénicher une nouvelle curiosité à installer chez moi. J' (essaie) .... de limiter au maximum mes achats, je me (demande) .... où mettre cette trouvaille, pourtant je (craque) .... malheureusement trop souvent. Mon mari (ne supporte plus) .... mes achats compulsifs. Il (dit) .... se sentir noyé sous les objets. Il (construit) .... un garage pour ranger tous les meubles en trop que nous (avons) ....

[L'HYPOTHÈSE ET LA CONDITION] p. 109

6 Reliez pour former des phrases.

a. Si on prenait plus les transports en commun, •	• **1.** je ne serais pas venu.
b. Si vous venez tôt le matin, •	• **2.** nous n'aurions pas eu à emprunter autant.
c. Si nous avions eu plus d'argent, •	• **3.** nous ne serions pas tombés dans les embouteillages.
d. Si j'avais su que c'était aussi cher, •	• **4.** on consommerait moins de pétrole.
e. Si tu veux faire une bonne affaire, •	• **5.** prends une glace au chocolat.
f. Si tu achetais moins, •	• **6.** renseigne-toi avant sur Internet.
g. Si nous étions partis plus tôt, •	• **7.** tu gaspillerais moins.
h. Si tu en as envie, •	• **8.** vous n'aurez pas à faire la queue.

[L'HYPOTHÈSE ET LA CONDITION] p. 109

7 Soulignez la solution correcte.

a. Si *j'étais – je serais* à ta place, je choisirais la veste bleue.

b. Si elle *avait fait – a fait* plus attention, elle ne serait pas dans cette situation maintenant.

c. Si tu *t'étais couché – te couchais* moins tard, tu te serais levé à l'heure.

d. Si je veux avoir du succès, je *devrais – dois faire* plus d'efforts.

e. Si la vie n'était pas si dure, nous *aurions été – serions* plus heureux.

f. Si tu suivais les conseils des professeurs, tu *pourrais – aurais pu* réussir à ton examen.

g. S'il n'avait pas été aussi tard, nous *pourrions – aurions pu* rentrer en métro.

h. Si tu *n'as pas – n'avais pas* le temps, préviens-moi.

i. Ma sœur ? Si elle avait meilleur caractère, elle *pourrait – pouvait* se faire plus d'amis.

[L'HYPOTHÈSE ET LA CONDITION]

p. 109

8 Complétez les phrases suivantes en conjuguant les verbes au temps adéquat.

a. Si nous (aller) .... moins dans les magasins, nous dépenserions moins d'argent.

b. Si tout le monde (faire) .... un effort pour recycler, nous aurions moins de déchets à traiter.

c. Si tu avais mieux lu l'étiquette, tu (ne pas acheter) .... ce produit.

d. Si tu achètes un appartement, il (falloir) .... que tu t'endettes.

e. Si nous fréquentions moins les supermarchés, nous (pouvoir) .... sauver les petits commerces.

f. Si on (se préoccuper) .... moins de notre apparence, on achèterait moins de choses.

g. Si nous avions pris l'écologie plus au sérieux il y a 40 ans, la situation (ne pas être) .... aussi grave aujourd'hui.

[L'EXPRESSION DE LA CONDITION]

p. 109

9 Complétez les phrases avec les expressions suivantes : *seulement si / à condition que / à moins que / à condition de / à condition d' / en cas de / en supposant que / en supposant qu' / au cas où / à moins de / à moins d'.*

a. Prends un parapluie, ... il pleuvrait.

b. Je te laisse ma voiture, ... tu me promettes que tu y feras attention.

c. J'achèterai cette machine à laver .... avoir une garantie.

d. Prends ton téléphone portable, ... problème, tu pourras m'appeler.

e. .... on t'accorde un crédit, pourras-tu vraiment le rembourser ?

f. .... un problème de dernière minute, ils devraient arriver à l'heure.

g. Nous irons au marché, ... nous avons terminé de nettoyer la maison.

h. Je me charge des courses, ... tu préfères que je fasse la lessive.

Dossier 2 À loisirs

Aàz [LE TEMPS LIBRE] p. 117

1 Lisez les descriptions des goûts des personnes et retrouvez leur loisir dans la liste suivante : *l'escalade / le tai chi chuan / le chant lyrique / la boxe / le poker / la plongée sous-marine*.

a. Martine s'entraîne deux fois par semaine pour ses combats du week-end.

→ ....

b. Laurent passe son temps en apnée.

→ ....

c. Guilhem a toujours adoré grimper vers les sommets.

→ ....

d. Heureusement que Julien arrive à se maîtriser car sa passion pourrait lui faire perdre beaucoup d'argent.

→ ....

e. Estelle a beaucoup de talent, mais ses voisins ne la supporte pas.

→ ....

f. Romain est très discipliné, chaque matin il pratique son sport favori pour s'assurer une journée sereine.

→ ....

[LE TEMPS LIBRE] p. 117

2 Reliez les éléments pour former des phrases.

a. Depuis peu, je me suis pris de passion •
b. Je m'amuse énormément •
c. Le rugby est un sport qui •
d. Depuis que je suis à la retraite, je m'intéresse •
e. Je pratique régulièrement •
f. Je raffole •

• **1.** au golf.
• **2.** des pique-niques en forêt.
• **3.** en jouant aux cartes avec mes petits cousins.
• **4.** la course à pied
• **5.** me distrait, mais à la télé.
• **6.** pour la natation.

[LES PRONOMS Y ET EN] p. 114

3 Reliez la réponse à la bonne question.

a. Tu ne veux vraiment pas m'accompagner à la fête d'Hugo ? •
b. Combien de stylos as-tu achetés ? •
c. Est-ce que tu as pris assez de boissons pour la fête ? •
d. Tu es allé récemment aux États-Unis ? •
e. Tu iras à Paris cet été ? •
f. Tu veux encore des pâtes ? •
g. Tu te rends compte que tu travailles trop ? •
h. Tu peux me prêter de l'argent ? •

• **1.** Bon d'accord, si tu en as vraiment envie, je viens avec toi.
• **2.** Oh non, je n'en veux plus.
• **3.** Je crois même que j'en ai acheté trop.
• **4.** N'y pense même pas.
• **5.** Non, je ne veux pas y aller.
• **6.** J'en ai acheté une dizaine.
• **7.** Oh oui, je n'en peux plus.
• **8.** Oui, justement, j'en reviens.

[LES PRONOMS Y ET EN] p. 114

4 Remplacez les mots soulignés par *en* ou *y*.

a. Qu'est-ce que je peux faire <u>de mes anciennes raquettes de tennis</u> ?

→ ....

b. J'ai envie d'aller <u>au Mexique</u> l'année prochaine.

→ ....

c. Je suis très fière <u>des performances de mon équipe</u>.

→ ....

d. J'ai fait dix <u>tours de piste</u>, je suis très fatigué.

→ ....

e. Je vais participer <u>à une compétition de natation</u>.

→ ....

f. J'ai pris plusieurs <u>entrées pour le concert</u>, ça t'intéresse ?

→ ....

g. As-tu réfléchis <u>à ma proposition de sortie pour le week-end</u> ?

→ ....

h. Que penses-tu <u>du nouveau cours d'aquagym</u> ?

→ ....

i. J'ai besoin <u>de matériel</u> pour l'entraînement.

→ ....

[LA PLACE DES PRONOMS Y ET EN] p. 114

5 Remettez les mots dans l'ordre pour former des phrases.

Je – ai – d' – en – faire – l'intention – n' – partie. – pas

→ ....

Je – j' – longtemps. – ne – pas – pense – que – resterai – très – y

→ ....

Pourquoi – as- – avant ? – en – m' – ne – parlé – pas – tu

→ ....

Je – acheter. – aurais – dû – en – jamais – n'

→ ....

Nous – hier. – nous – promenés – sommes – y

→ ....

Il – imagine – n' – pas – renoncer. – y

→ ....

Je – ai – aucun. – en – n' – pris

→ ....

Je – favorable. – n' – pas – vraiment – y – étais

→ ....

[LES PRONOMS Y ET EN]

p. 114

6 Reformulez les phrases en remplaçant les mots soulignés par un pronom : *en*, *y*, *de lui*, *à elle*, *d'eux* ou *d'elles*.

a. Elle pense souvent à sa cousine qui est en Australie.

→ ....

b. Les sportifs disent rarement du mal de leurs adversaires.

→ ....

c. Je tiens beaucoup à faire de la randonnée cet été.

→ ....

d. Ce joueur à trop souvent affaire aux juges de la fédération pour des problèmes disciplinaires.

→ ....

e. Nous devons vraiment croire à notre talent pour réussir.

→ ....

f. J'ai besoin <u>des plus jeunes joueuses</u> pour former une équipe de poussins.

→ ....

g. Il n'a pas douté un seul instant <u>de ses chances de réussite</u>.

→ ....

h. Il n'a été question que <u>de cet athlète</u> pendant les Jeux olympiques.

→ ....

[LES PRONOMS PERSONNELS COMPLÉMENTS] p. 114

7 Complétez le texte avec un des pronoms suivants : *le / la / les / lui / leur / en / y*.

Cher Alex,

J'ai réussi mon concours, j'......... suis très fière. Il y avait beaucoup de candidats, qui s'......... étaient inscrits. La compétition a été très dure. Les jurés étaient impressionnants, mais je .... ai fait face sans avoir trop peur. Je vais rentrer au Conservatoire de Paris l'année prochaine. Je n'......... ai pas encore parlé à nos parents. Ne .... dis pas, je veux .... faire la surprise. Je vais .... appeler dès ce week-end. Je ne pensais vraiment pas que je pourrais .... arriver. Il faut reconnaître que, ce concours, j'ai travaillé dur pour .... réussir. Enfin, et toi, comment ça va ? Ton voyage en Égypte, ... rêves-tu encore ou t'es tu décidé à .... aller ? Viendras-tu en vacances chez les grands-parents cet été ? N'oublie pas de .... prévenir si tu viens. Ils sont âgés maintenant, il faut .... éviter les situations de stress. Bon je te raconterai tous les détails du concours, on .... reparle dès qu'on se voit cet été. Et pense au stage de voile, l'année dernière, tu avais oublié de t'......... inscrire.

À bientôt,

Ta sœur, Zoé.

[LES PRONOMS PERSONNELS COMPLÉMENTS] p. 114

8 Transformez les phrases comme dans l'exemple.

Exemple : *Je ne veux pas manger de soupe.* → *Eh bien, n'en mange pas !*

a. Je ne veux pas donner mes livres. → ....

b. Je ne veux pas parler à tes parents. → ....

c. Je ne veux pas faire de sport. → ....

d. Je ne veux pas m'intéresser à ce sport. → ....

e. Je ne veux pas rêver de partir en vacances. → ....

f. Je ne veux pas appeler mon entraîneur. → ....

g. Je ne veux pas m'habituer à me lever tôt. → ....

h. Je ne veux rien vendre à cet homme. → ....

Phonie-graphie Le son [ɔ̃]

[LE SON [ɔ̃]]

Complétez les mots avec : *on / om / ont / eons / ons / ond / ong / un.*

a. M......... amie Mari......... et moi, nous nous retrouv......... le week-end et nous mang......... des b.........b.........s en regardant un b......... film d'espi.........s.

b. L'.........cle Lé......... joue du viol......... depuis l.........temps, il acc.........pagne un orchestre de musique de traditi......... h.........groise.

c. Julien et Stéphane......... r.........pu leur relati......... épistolaire.

d. Cet été nous all......... en vacances à la m.........tagne pour faire du ski de f.........

e. Quand......... boit trop de p.........ch, ... perd la rais.........

Détente

Retrouvez les 10 mots cachés dans la grille. Certains mots sont cachés en diagonale ou à l'envers.

a. argent
b. monnaie
c. liquide
d. espèces
e. chèque
f. billet
g. pièce
h. crédit
i. emprunt
j. virement

X	P	K	X	Y	O	I	G	X	R	L	K	E	A	R	G	E	N	T	N
Q	B	E	M	P	R	U	N	T	A	X	S	M	T	K	G	W	S	F	T
E	J	V	C	P	E	A	N	B	P	G	Ç	N	A	T	R	O	D	A	W
W	A	Ç	R	W	C	U	O	F	E	C	H	M	J	L	Z	H	K	S	S
B	W	U	E	Ç	P	L	X	V	S	Q	T	M	Y	Ç	U	Z	F	B	B
W	O	M	D	D	E	S	P	E	C	E	S	N	F	Q	Z	Ç	H	Y	W
R	S	T	I	K	J	N	E	Y	Ç	W	H	T	N	F	O	V	Q	B	U
F	V	G	T	Ç	S	L	T	D	Y	J	U	I	J	P	Z	V	Y	H	O
R	O	U	X	Q	Z	S	B	X	B	E	P	G	P	W	F	K	F	H	T
R	N	C	R	N	U	C	M	B	Y	J	I	O	D	B	S	O	C	R	N
J	G	A	V	Y	C	I	L	V	I	R	E	M	E	N	T	D	I	H	D
B	T	K	D	Z	H	A	A	A	W	Q	C	Ç	J	Z	E	R	Ç	Q	G
B	B	I	L	L	E	T	Q	H	K	E	E	P	N	E	Ç	A	K	K	M
U	Y	O	J	U	Q	M	Ç	X	Y	T	R	Z	L	V	D	F	F	Z	Ç
H	M	K	Q	J	U	L	X	I	X	G	Q	N	E	T	A	O	N	E	M
Ç	V	N	R	M	E	H	B	M	Y	E	X	C	J	B	W	U	T	W	J
Q	H	E	Y	X	K	W	F	Y	G	O	S	W	X	U	G	V	Ç	P	F
Y	C	U	G	I	Q	D	H	S	L	J	R	E	Z	I	A	C	X	T	Q
M	S	A	L	I	Q	U	I	D	E	M	O	N	N	A	I	E	C	V	G
E	G	W	H	S	B	Z	A	M	D	K	Ç	I	C	D	A	P	K	V	S

Compréhension écrite

Répondez aux questions. Justifiez vos réponses par une phrase du texte quand c'est demandé.

LE BON CHOIX DU BIO

Dominique Tiberi, adjoint chargé de la Jeunesse et des Sports et la Caisse des Écoles du 5e ont organisé une rencontre entre les enfants et les producteurs qui fournissent les restaurants scolaires du 5e arrondissement.

Plus de 1 000 visiteurs ont profité de cet événement exceptionnel pour aller à la rencontre de ces femmes et de ces hommes qui ont une véritable passion pour leur métier d'agriculteur ou d'éleveur. Tous les visiteurs se sont informés et ont pu apprécier la qualité des produits servis dans les cantines du 5e. Cette première rencontre autour des producteurs est un réel succès. Cette exposition voulait informer sur la très grande qualité de la restauration scolaire du 5e arrondissement et de la dominance du BIO dans la constitution des repas. Chacun a pu constater, aussi, que la Mairie du 5e s'engage sur de vrais sujets de société :

• **Le social**, en contribuant à maintenir l'emploi dans les campagnes et en aidant les producteurs de qualité à développer leurs exploitations,

• **L'économique**, en développant une véritable politique d'achats sans concession sur la qualité,

• **L'environnement**, en minimisant l'empreinte carbone sur l'ensemble de la chaîne d'approvisionnement.

INTERVIEW

Monsieur Olivier Desmarest, éleveur de vaches à la ferme du Val de Poix, et fournisseur de viande bovine, BIO, pour les cantines du 5e :

Pouvez-vous nous expliquer en quoi consiste votre travail ?

Je suis éleveur de vaches allaitantes, c'est-à-dire des vaches destinées à la production de viande. Mes animaux sont conduits en agriculture biologique sans produits chimiques, sans OGM.

Comment avez-vous été amené à adhérer à ce projet et quelles ont été vos principales motivations ?

J'ai été contacté par la Caisse des Écoles du 5e qui m'a présenté le projet. J'avais déjà travaillé avec la restauration collective, mais c'était toujours des petites quantités et souvent les mêmes morceaux (bourguignon, pot au feu). Avec les cantines du 5e, toute la bête est utilisée.

Quelles ont été vos difficultés et vos réussites ?

Il faut bien planifier et anticiper pour avoir des animaux de bonne qualité au bon moment.

Enfin que voulez-vous dire à nos lecteurs et à nos enfants de l'arrondissement ?

Nous faisons un travail passionnant mais difficile et exigeant. Savoir que ce travail permet aux enfants d'avoir une alimentation saine nous motive pour avancer. Ma ferme est à 2 h de Paris, je vous invite à faire le déplacement, c'est mieux que le salon de l'agriculture.

Le journal du Cinquième, Mairie de Paris, 5e, n° 68, printemps 2012.

1 Ce texte a pour but :

- O de nous informer sur les cantines scolaires.
- O de nous encourager à manger bio.
- O de nous prévenir des dangers d'une mauvaise alimentation.

2 Les visiteurs ont pu :

- O goûter aux produits proposés par des producteurs.
- O juger de l'hygiène dans les cantines scolaires.
- O participer à des activités de la ferme.

Justification : ....

....

3 Cette première rencontre entre les producteurs et les consommateurs aurait pu attirer plus de monde.

- O Vrai
- O Faux

Justification : ....

....

4 L'exposition avait pour but de convaincre les parents d'accepter les produits bio dans les cantines scolaires.

- O Vrai
- O Faux

Justification : ....

....

5 Monsieur Desmarest élève des vaches :

- O pour produire de la viande.
- O pour la production de lait.

6 Monsieur Desmarest considère son métier comme :

- O un engagement difficile.
- O un travail comme un autre.
- O une passion.

7 Pour lui, visiter sa ferme, c'est mieux que :

- O faire un potager.
- O rester en classe.
- O visiter une exposition sur l'agriculture.

Production écrite

Le maire de votre ville veut lancer une grande opération de promotion du sport. Pour cela, il a demandé aux habitants de témoigner, sur le site Internet de la mairie, de leur expérience sportive. Comme vous faites partie d'un club sportif, votre entraîneur vous a proposé de participer à cette opération et de publier un texte dans lequel vous expliquerez pourquoi vous avez décidé de faire du sport, pourquoi vous avez choisi le sport que vous pratiquez, ce qu'il vous apporte comme bienfaits et pourquoi vous le recommanderiez à d'autres personnes.

Vous rédigerez un texte structuré en 160-180 mots.

TOUS CITOYENS !

Dossier 1 Engageons-nous !

[LA CITOYENNETÉ] p. 124

1 Trouvez l'intrus dans chaque liste de mots.

a. l'élection – l'urne – le diplôme – le bulletin de vote

b. vert – bleu – rouge – blanc

c. la justice – le droit – la démocratie – la dictature

d. le Parlement – le Sénat – l'hymne national – l'Assemblée nationale

e. la solidarité – la fraternité – la liberté – l'égalité

[LA CITOYENNETÉ] p. 124

2 Complétez le texte avec les mots suivants : *président / Élysée / État / Constitution / gouvernement / Conseil des ministres / régime / Premier ministre*.

La Ve République est un .... présidentiel. Le .... de la République est donc le personnage central de l'.............................. . Il veille au respect de la ...., et assure le fonctionnement des pouvoirs publics. Sur proposition du ...., le chef de l'État nomme les membres du .... et préside le .... chaque mercredi matin à l'.............................. .

[LA CITOYENNETÉ] p. 124

3 Entourez le terme qui convient.

a. L'hymne national français s'appelle *La Parisienne / La Marseillaise*.

b. Le Parlement est constitué *de l'Assemblée nationale / du Conseil d'État et du Sénat*.

c. *La liberté / La tolérance* des uns ne doit pas empiéter sur celle des autres.

d. La France est un État *laïque / fédéral*.

e. Le Premier ministre et les ministres forment le pouvoir *exécutif / judiciaire*.

f. Le Sénat *nomme / contrôle* le gouvernement.

g. *La Constitution / La nation* fixe l'organisation et le fonctionnement des pouvoirs de l'État.

h. On élit *les maires / les ministres* aux élections municipales.

i. Voter en France est *un droit / un devoir*.

j. *Myriam / Marianne* représente la République française.

[LA CITOYENNETÉ] p. 124

4 Retrouvez le nom qui correspond aux verbes suivants.

Exemple : *Gouverner* → *le gouvernement*

a. Manifester → ....

b. Voter → ....

c. Réformer → ....

d. Refuser → ....

e. Élire → ....

f. Décider → ....

g. Discuter → ....

[LA CITOYENNETÉ] p. 124

5 Remettez ce texte dans l'ordre.

a. En 1988, son premier mandat s'achève. Il se présente une nouvelle fois aux élections présidentielles et l'emporte avec 54 % des voix.

b. Le 10 mai 1981, François Mitterrand est élu président de la République avec 52 % des voix face à Valery Giscard d'Estaing.

c. François Mitterrand meurt le 8 janvier 1996 peu de temps après avoir quitté l'Élysée.

d. Son second mandat est marqué par une période de cohabitation entre la droite et la gauche.

e. Ce résultat est synonyme d'espoir et de changement car c'est la première fois qu'un homme de gauche est élu président sous la Ve République.

f. Quelques mois seulement après son arrivée au pouvoir, François Mitterrand abolit la peine de mort.

1 → .... ; 2 → .... ; 3 → .... ; 4 → .... ; 5 → .... ; 6 → ....

[LES INDÉFINIS] p. 126

6 Complétez les phrases avec : *tout / tous / toute / toutes.*

a. L'économie du pays a été paralysée par .... ces grèves.

b. Avez-vous lu .... le traité ?

c. Les infirmières ? Le ministre les a .... rencontrées hier.

d. J'ai reçu .... mon éducation civique à l'école.

e. Dans une République, ... les citoyens ont des droits mais aussi des devoirs.

f. Ce député prend .... le temps la parole.

g. Ces règles de conduite devraient être appliquées par ....

h. Est-ce que .... loi est légitime ?

[LES INDÉFINIS] p. 126

7 Entourez le pronom ou l'adjectif indéfini qui convient.

a. *Quelques / Tous* étudiants sont descendus dans la rue pour exprimer leur mécontentement.

b. *Quelqu'un / Personne* ne comprend cette proposition de loi.

c. Heureusement, *quelques-unes / certaines* associations aident les gens sans ressources.

d. Je n'ai pris *aucune / rien* photo lors de ma visite au Parlement.

e. Il existe *certains / plusieurs* pays francophones dans le monde.

f. Le nom du candidat est noté sur *quelques / chaque* bulletin de vote.

g. Le président n'a *rien / tout* dit de spécial.

h. *Aucune / Nul* n'est autorisé à tuer.

i. *Tout / Chacun* citoyen devrait faire passer l'intérêt général avant son intérêt personnel.

[LES INDÉFINIS] p. 126

8 Exprimez la quantité zéro en mettant ces phrases à la forme négative. Utilisez *personne*, *aucun* ou *rien* sans oublier *ne*.

Exemple : *Il y a quelqu'un dans le bureau.* → *Il n'y a personne dans le bureau.*

a. Tout le monde est venu à la réunion.

→ ....

b. Il a rencontré tous les candidats.

→ ……………………………………………………………………………………

c. J'ai tout oublié.

→ ……………………………………………………………………………………

d. Elle connaît quelqu'un au Parlement.

→ ……………………………………………………………………………………

e. Tous les députés ont voté la loi.

→ ……………………………………………………………………………………

f. Tout est possible.

→ ……………………………………………………………………………………

g. Le ministre a informé tout le monde.

→ ……………………………………………………………………………………

h. Il a remarqué quelque chose d'anormal.

→ ……………………………………………………………………………………

[LES INDÉFINIS]

p. 126

9 Complétez le dialogue avec : *aucun / personne / quelqu'un / d'autres / certains / certaines / n'importe qui / tout*.

THIERRY : Salut Sylvain ! Qu'est-ce que tu fais en ce moment ?

SYLVAIN : Je fais mon service civique au DAL, l'association Droit au Logement.

THIERRY : Le DAL... Ah oui, …………………… m'en a déjà parlé. Et quel est ton rôle ?

SYLVAIN : Je vais à la rencontre de …………………… personnes qui n'ont pas de toit, les SDF* surtout. J'essaie de les amener à l'association pour qu'ils puissent parler de leurs problèmes. Ils sont souvent très isolés car ils n'ont …………………… contact, ils ne connaissent plus …………………… .

THIERRY : Comment est-ce que tu fais pour les aider ?

SYLVAIN : En fait, ce n'est pas facile. D'abord, on parle de …………………… et de n'importe quoi et à un moment donné, quand ils sont en confiance, on essaye de trouver des solutions à leurs problèmes.

THIERRY : Et ça marche ?

SYLVAIN : Parfois .... s'en sortent, ... non.

THIERRY : Ce doit être difficile, non ?

SYLVAIN : Oui, mais quand on trouve une solution, ça fait plaisir. Tu sais, se retrouver à la rue, ça peut arriver à ....

* SDF : sans domicile fixe.

Dossier 2 Rendre justice

[LA POLICE, LA JUSTICE] p. 135

1 Complétez le texte à l'aide des mots suivants : *mis / dressé / arrêté / porté / procédé / commis /contrôlé.*

L'autre jour, j'ai brûlé un feu rouge et j'ai été .... par un agent de police. Il m'a indiqué que j'avais .... une infraction au code de la route. Tout d'abord, il a .... aux démarches habituelles : il a .... mon identité et mon permis de conduire. Ensuite, il a .... le procès-verbal et il m'a .... une amende. Le soir même, en sortant du travail, j'ai découvert qu'on avait volé ma voiture. Je suis allé au commissariat et j'ai retrouvé le même agent de police. Il a été très gentil, et il m'a renseigné. J'ai .... plainte pour vol et je suis rentré à pied... C'était une mauvaise journée !

[LA POLICE, LA JUSTICE] p. 135

2 Complétez les phrases en choisissant la réponse qui convient : *tous les droits / en droit / privé de son droit / droit / faire valoir leurs droits / ne respectent pas le droit.*

a. Chaque suspect est .... de demander un avocat.

b. Les entreprises .... des femmes.

c. Les femmes devraient plus .... dans le monde du travail.

d. Il est sans gêne, il croit toujours qu'il a ....

e. On peut être .... de vote pour certains délits.

f. Si vous êtes sans ressources, vous avez .... à une aide pour payer un avocat.

[LE PARTICIPE PRÉSENT] p. 132

3 Complétez les phrases. Mettez les verbes entre parenthèses au participe présent.

Le cabinet d'avocats Part&Becht cherche un nouveau collaborateur pour ses affaires de droit civil. Voici l'annonce qu'ils ont publiée :

a. Nous cherchons un candidat (avoir) .... une maîtrise de droit.

b. Nous choisirons un candidat (connaître) .... bien le droit civil.

c. Nous sélectionnerons un candidat (aimer) .... travailler en équipe.

d. Nous avons besoin d'un candidat (pouvoir) .... démontrer une expérience en droit civil.

e. Nous souhaitons trouver un candidat (être) .... disponible dès la fin du mois.

f. Nous aimerions trouver un candidat (savoir) .... manier les outils informatiques.

[LE PARTICIPE PRÉSENT ET LE GÉRONDIF] p. 132

4 Reformulez les phrases suivantes en utilisant un participe présent, comme dans l'exemple.

Exemple : *Tous les avocats qui ont un cabinet privé devront payer un nouvel impôt.*
→ *Tous les avocats ayant un cabinet privé devront payer un nouvel impôt.*

a. Tous les magistrats qui font partie d'un syndicat peuvent être élus représentants.

→ .... peuvent être élus représentants.

b. Les avocats qui plaident depuis moins de 2 ans peuvent participer au concours.

→ .... peuvent participer au concours.

c. Les enquêteurs ont découvert un diamant qui appartient à la reine Élizabeth.

→ Les enquêteurs ont découvert ....

d. Comme vous n'avez pas reçu les documents nécessaires, vous disposez d'un délai supplémentaire.

→ ...., vous disposez d'un délai supplémentaire.

e. Toutes les personnes qui disposent d'un permis de conduire étranger n'auront pas à le repasser.

→ .... n'auront pas à le repasser.

f. Les prisonniers qui sont en fin de peine peuvent demander des remises de peine.

→ .... peuvent demander des remises de peine.

[LE PARTICIPE PRÉSENT ET LE GÉRONDIF] p. 132

5 Quelle est la valeur du gérondif dans chacune des phrases ? Cochez la réponse qui convient.

a. J'ai étudié le droit tout en travaillant comme secrétaire.

O Simultanéité
O Condition
O Manière

b. Le juge a annoncé la sentence en criant.

O Simultanéité
O Condition
O Manière

c. En demandant conseil à ton avocat, tu serais plus tranquille.

O Simultanéité
O Condition
O Manière

d. Tu ne convaincras pas les jurés en pleurant.

O Simultanéité
O Condition
O Manière

e. Tu devrais réussir, mais en faisant des efforts.

O Simultanéité
O Condition
O Manière

f. Cet avocat mange toujours en travaillant.

O Simultanéité
O Condition
O Manière

g. Nous étions en retard au procès, nous y sommes allés en courant.

O Simultanéité
O Condition
O Manière

[LE PARTICIPE PRÉSENT ET LE GÉRONDIF] p. 132

6 Mettez les verbes entre parenthèses au gérondif ou au participe présent, selon les cas.

a. La victime est sortie du tribunal (pleurer) ....

b. Je ne veux pas d'un avocat (s'exprimer) .... d'une manière trop familière.

c. Cet huissier se détend (faire) .... une sieste entre chaque audience.

d. (savoir) .... qu'il n'allait pas témoigner, ce n'était pas la peine de parler de lui.

e. Les enquêteurs ont retrouvé le tueur (suivre) .... son complice jour et nuit.

f. (choisir) .... un bon avocat, vous êtes sûr d'être bien défendu.

g. En tant qu'avocat, je cherche des affaires (avoir) .... un intérêt pour la cause des enfants.

h. Cet homme a tué son voisin (le frapper) ....

[LES PRONOMS RELATIFS COMPOSÉS] p. 133

7 Complétez les phrases avec un pronom relatif composé : *lequel / laquelle / lesquels / lesquelles / auquel / à laquelle / auxquels / auxquelles / duquel / de laquelle / desquels / desquelles*.

a. La loi pour .... vous luttiez depuis 10 ans a été votée.

b. Le costume de juge .... tu penses n'est plus utilisé lors des audiences.

c. Les lois à partir .... j'ai travaillé sont toujours en vigueur.

d. Les factures .... je fais référence sont frauduleuses.

e. Les hommes avec .... vous avez été arrêté ont tout avoué.

f. Cet homme a un luxueux château autour .... se trouve un très grand parc.

g. Les témoins grâce .... nous avons retrouvé le coupable ont été courageux.

h. Vous êtes cleptomane, c'est une maladie contre .... il faut vous battre.

[LES PRONOMS RELATIFS COMPOSÉS] p. 133

8 Complétez le dialogue à l'aide des éléments suivants : *à qui / de qui / dont / auquel / duquel*.

MARIELLE : Béa ! J'ai finalement appelé l'avocat .... je t'avais parlé la semaine dernière.
BÉATRICE : Celui .... tu as parlé lors de la soirée d'Alex ?
MARIELLE : Oui, quand je lui ai parlé de mon affaire de harcèlement au travail, il avait l'air de connaître parfaitement le domaine juridique .... mon dossier correspond. En plus il est très sympathique, c'est l'avocat .... j'avais besoin. Il a très bien compris le problème .... je suis confrontée.
BÉATRICE : C'est super ! Tu lui as parlé des ennuis que tu as eus quand tu as porté plainte ?

MARIELLE : Oui et d'ailleurs, il m'a donné rendez-vous car il y a un détail à propos .... il aimerait m'interroger. Il dit que mon affaire comporte un problème délicat .... il faut réfléchir.

BÉATRICE : Et où se trouve son cabinet ?

MARIELLE : Dans le quartier Latin, dans un immeuble en face .... je passe très souvent. C'est très pratique. C'est vraiment l'avocat auprès .... j'ai envie de mener le combat.

Phonie-graphie Le son [ã]

[LE SON [ã]]

Complétez les mots avec : *en / em / an / am / aen / ean / aon / ent / emps / and / ant / eant.*

a. J.......... est le meilleur étudi.......... du départem.......... de sci..........ces.

b. J'.......... porte fréquemm.......... du travail qu.......... je r..........tre chez mes par..........s qui habitent d..........s la ville de C.......... .

c. En all.......... au bureau, j'ai trouvé un magasin de l..........pes. J'.......... ai acheté une pour ma ch..........bre.

d. Ce professeur de l..........gue est très exig.........., mais aussi très marr.......... . Il nous interroge souv.......... .

e. Les pass..........s marchent toujours très rapidem.......... . Ils s..........blent toujours pressés par le t.......... .

f. Le film « La v..........g..........ce de la bête bl..........che » a l'air très amus.......... .

g. J'adore aller au zoo pour voir les p..........s, surtout dur..........t le print.......... .

Détente

Les syllabes qui se trouvent dans chaque case permettent de former le nom de cinq mots en lien avec le thème annoncé. Toutes les syllabes doivent être utilisées et chacune ne peut servir qu'une seule fois.

Sur la première ligne, vous trouverez la première syllabe de chaque mot.

L'ÉTAT

1. Ré	2. Dé	3. Con	4. Gou	5. Par
tie	men	ment	bli	ver
tu	ne	mo	taire	cra
le	tion	pu	sti	que

1. Ré.................
2. Dé.................
3. Con.................
4. Gou.................
5. Par.................

L'ENGAGEMENT

1. Ci	2. Ma	3. So	4. Mi
li	ri	ti	ni
ta	toy	té	té
da	tion	en	fes
li	tan	sme	ne

1. Ci.................
2. Ma.................
3. So.................
4. Mi.................

LES FORCES DE L'ORDRE

1. Com	2. Gen	3. Dé	4. Ar	5. Lé
rie	ta	tion	me	res
si	li	dar	sa	riat
ga	tion	mis	po	té

1. Com.................
2. Gen.................
3. Dé.................
4. Ar.................
5. Lé.................

Compréhension écrite

Lisez cet article et répondez aux questions. Quand c'est demandé, justifiez votre réponse avec une phrase du texte.

LES NOUVEAUX VISAGES DE LA SOLIDARITÉ

Paris compte au moins 400 000 bénévoles. Tour d'horizon des initiatives qui créent du lien social.

À Paris, solidarité rime avec diversité. Qu'ils soient retraités, actifs, parents, étudiants ou encore lycéens, les Parisiens n'hésitent pas à s'engager. En 2011, l'Année européenne du bénévolat a mis en lumière l'action de nombreux volontaires. Aujourd'hui, s'engager n'est plus une initiative désintéressée. C'est aussi s'épanouir à travers une activité ou la création d'un réseau. Le travailleur actif peut aussi mettre ses compétences professionnelles au service d'associations, une personne âgée peut héberger un étudiant, qui à son tour s'investit par l'intermédiaire du Service civique parisien… Il s'agit surtout d'une quête de sens souvent absente dans le cadre de leur profession.

AU SERVICE DES ASSOCIATIONS

Susciter cette envie d'agir, c'est l'objectif de l'association *Passerelles et Compétences.* 80 % de ses volontaires ont une activité professionnelle. En Île-de-France, 2 200 personnes sont ainsi prêtes à mettre ponctuellement leurs compétences au service d'associations de solidarité. Parmi les domaines les plus recherchés : les ressources humaines, le marketing, la communication ou encore l'informatique.

La motivation des bénévoles est essentielle, mais elle diffère également d'une personne à l'autre. « Il s'agit surtout d'une quête de sens souvent absente dans le cadre de leur profession, d'une fibre solidaire ou de l'envie de découvrir la culture associative pour en faire une valeur ajoutée », explique Gilles Arbellot, le directeur de *Passerelles et Compétences*, en charge de la région Île-de-France. En 2010, plus de 130 missions parisiennes ont ainsi été menées au profit d'associations.

DES RÉSEAUX DE QUARTIERS

Les réseaux sociaux solidaires de la capitale s'organisent souvent à l'échelle d'un quartier. C'est le cas de *Voisin-Âge.* Cette communauté Web met en relation les personnes âgées et leurs voisins en fonction de leur proximité et de leurs affinités. Porté par *Les Petits Frères des pauvres* et soutenu par la Ville de Paris, ce dispositif est souple et demande un minimum de deux actions par mois : visite, coup de téléphone ou encore envoi de carte postale. Pour Maïder, 31 ans, qui « voisine » Françoise, 85 ans, « l'essentiel, c'est de passer du temps ensemble ». Un sentiment partagé également par la retraitée : « Je sais que je peux me confier ou téléphoner à quelqu'un si j'ai un souci », raconte-t-elle. Créer des liens utiles entre les populations d'un même quartier, c'est aussi l'objectif du réseau *Les Tribus du 13.* En place depuis le mois de septembre 2011, le site Lesttribusdu13.fr rapproche les familles et les nombreux étudiants du 13ᵉ arrondissement autour d'activités comme le baby-sitting ou l'aide aux devoirs.

À Paris, hiver 2011-2012, Mairie de Paris.

1. Ce texte a pour but :

O d'informer sur l'engagement des Parisiens.

O d'argumenter en faveur du bénévolat.

O d'encourager les gens à s'engager dans des associations.

2. 2011 a été une année de promotion du bénévolat.

O Vrai

O Faux

Justification : ....

....

3. La plupart des volontaires de l'association *Passerelle et Compétences* ont un travail.

O Vrai

O Faux

Justification : ....

....

4. En Île-de-France, 2 200 personnes ont fait l'expérience de l'engagement associatif.

O Vrai

O Faux

Justification : ....

....

5. Beaucoup de bénévoles trouvent dans leur engagement des satisfactions qu'ils ne trouvent pas dans leur travail.

O Vrai

O Faux

6. L'association *Voisin-Âge* a pour objectif de :

O faire se rencontrer des personnes âgées entre elles.

O sortir les personnes âgées de la solitude.

O mettre en place des ateliers pour personnes âgées.

7. L'association *Voisin-Âge* fonctionne :

O grâce à quelques bénévoles.

O grâce à la région Île-de-France.

O grâce à Internet.

8. L'association *Voisin-Âge* met des gens en relation en fonction (2 réponses) :

O de leur caractère.

O de leurs goûts communs.

O de leur domicile.

O de leur profession.

Production écrite

Lisez cette annonce et répondez en 160 à 180 mots.

Vous avez du temps libre ? Vous avez envie de rencontrer des gens et de partager des moments privilégiés ? Vous voulez agir pour améliorer la société ? N'hésitez pas à rejoindre l'association ***Pour plus de liens***.

Nous aidons les personnes âgées, les personnes qui souffrent de solitude, avec un réseau d'entraide. Donc si vous voulez participer à nos projets, écrivez-nous. Dites-nous quelles sont vos motivations pour participer à nos projets, vos centres d'intérêt, et vos disponibilités, nous vous inviterons ensuite à un entretien.

PERLES DE CULTURE

Dossier 1 L'amour de l'art

[L'ART] p. 142

1 Associez chaque spectacle à un domaine artistique.

a. Le ballet •	• **1.** la danse
b. La séance •	• **2.** la musique
c. La pièce •	• **3.** le chant
d. Le numéro •	• **4.** le cinéma
e. Le concert •	• **5.** le cirque
f. Le récital •	• **6.** le théâtre

[L'ART] p. 142

2 Trouvez l'intrus dans les listes de mots.

a. le théâtre – le comédien – le réalisateur – la scène
b. le clown – le public – l'acrobate – le magicien
c. l'estampe – la nature morte – le paysage – le roman
d. le scénario – la comédie – le long métrage – le tableau
e. la note – la partition – le dessin – le piano
f. l'album – les bulles – le dessinateur – le festival
g. la foire – le musée – la critique – la galerie
h. la marionnette – le ballet – la danseuse – le chorégraphe
i. la lumière – la matière – l'atelier – les couleurs

[L'ART] p. 142

3 Cochez vrai ou faux.

a. Un pinceau est un instrument de musique.

O Vrai

O Faux

b. Un court métrage dure au moins une heure trente.

O Vrai

O Faux

c. Le mime est un spectacle muet.

O Vrai

O Faux

d. Une fresque est une peinture réalisée sur un mur.

O Vrai

O Faux

e. BD signifie « bande dessinée ».

O Vrai

O Faux

f. Une caméra permet de prendre des photos.

O Vrai

O Faux

g. Une œuvre de grande qualité est un hors d'œuvre.

O Vrai

O Faux

h. Le cinéma est aussi appelé le grand écran.

O Vrai

O Faux

i. Un opéra est aussi le nom d'une pâtisserie au chocolat.

O Vrai

O Faux

[L'ART] p. 142

4 Dites si ces commentaires sont positifs ou négatifs en entourant le signe (+) ou (-) qui convient.

a. Quel metteur en scène talentueux ! (+ / -)

b. J'ai dévoré ce livre ! (+ / -)

c. Cette toile ? Une véritable croûte ! (+ / -)

d. Ce cliché en noir et blanc manque de contraste. (+ / -)

e. L'adaptation de ce roman à l'écran est un navet. (+ / -)

f. Le parc de Villandry est un régal pour les yeux. (+ / -)

g. Une tour de 320 mètres dans le village, on délire là ! (+ / -)

h. Ce tour de magie est époustouflant. (+ / -)

[LE DISCOURS RAPPORTÉ ET LA CONCORDANCE DES TEMPS] p. 144

5 Forme directe ou indirecte ? Cochez les phrases à la forme indirecte.

○ **a.** Il m'a dit qu'il prenait des cours de calligraphie au centre culturel japonais.

○ **b.** Combien de temps avez-vous mis pour faire cette sculpture ?

○ **c.** Sophie m'a dit qu'elle avait appelé sa galerie Vantooz'Art.

○ **d.** Je racontais à Paul ce qu'on avait pensé du concert.

○ **e.** Quelle artiste incroyable !

○ **f.** Je peux prendre une photo de cette peinture ?

○ **g.** Elle m'a demandé si cela valait la peine de visiter les jardins du château de Versailles.

[LE DISCOURS RAPPORTÉ ET LA CONCORDANCE DES TEMPS] p. 144

6 Choisissez le verbe introducteur correct et conjuguez-le au passé composé.

a. Carole (annoncer / proposer) .... à ses amis qu'elle exposerait ses peintures à la rentrée.

b. J' (indiquer / déclarer) .... sur mon CV que j'avais fait un stage de photographie.

c. Il (constater / rappeler) .... qu'il avait déjà acheté les billets pour le concert de Vincent Delerm.

d. Notre guide-conférencier nous (préciser / ajouter) .... que Kiki avait été la muse de bien des artistes.

e. Le voleur (avouer / prévenir) .... qu'il avait volé une petite sculpture de Modigliani.

[LE DISCOURS RAPPORTÉ ET LA CONCORDANCE DES TEMPS] p. 144

7 Choisissez le temps qui convient dans ces phrases au discours rapporté.

a. « Tu as vu la nouvelle expo du Musée Maillol ? »
→ Il m'a demandé si j'*ai vu / avais vu* la nouvelle expo du Musée Maillol.

b. « On va au ciné. Viens avec nous ! »
→ Elles m'ont dit qu'elles *vont / allaient* au ciné et m'ont proposé de *venir / vienne* avec elles.

c. « Je commence ma formation de marionnettiste en septembre. »
→ Clémence m'a expliqué qu'elle *commençait / commencera* sa formation de marionnettiste en septembre.

d. « Marion Cotillard tournera son prochain film à Paris. »
→ Le journaliste a dit que Marion Cotillard *tournera / tournerait* son prochain film à Paris.

e. « Nous sommes allés à un concert de jazz. C'était super. »
→ Ils nous ont dit qu'ils *étaient allés / sont allés* à un concert de jazz et que c'*était / a été* super.

[LE DISCOURS RAPPORTÉ ET LA CONCORDANCE DES TEMPS] p. 144

8 Pouvez-vous répéter ? Répondez comme dans l'exemple en faisant la concordance des temps.

Exemple : *« Je déteste l'art moderne ! » – Qu'est-ce qu'il a dit ? → Il a dit qu'il détestait l'art moderne.*

a. « Ce livre est remarquable ! » – Qu'est-ce qu'il a dit ?

→ ....

b. « C'était un film sans intérêt. » – Qu'est-ce qu'il a dit ?

→ ....

c. « J'ai acheté le dernier CD d'Olivia Ruiz. » – Qu'est-ce qu'il a dit ?

→ ....

d. « Elle chantera dans une chorale. » – Qu'est-ce qu'elle a dit ?

→ ....

e. « J'aurais aimé être danseuse. » – Qu'est-ce qu'elle a dit ?

→ ....

f. « Je dois répéter avant le spectacle. » – Qu'est-ce qu'elle a dit ?

→ ....

[LE DISCOURS RAPPORTÉ ET LA CONCORDANCE DES TEMPS]

p. 144

9 Rapportez les paroles des personnes suivantes.

a. « Je n'ai plus d'inspiration. »

L'écrivain a prétendu ....

b. « Ma prochaine création changera la vie des gens. »

Le designer a assuré ....

c. « Je veux faire un film d'animation en 3D. »

Le cinéaste a dit aux journalistes ....

d. « Va au salon de l'art contemporain ! »

L'amateur d'art m'a conseillé ....

e. « J'ai créé des vêtements indémodables. »

Le grand couturier a déclaré ....

f. « Ne prenez pas de photos ! »

Le gardien du musée a demandé aux visiteurs ....

g. « J'ai vu tous les films de François Truffaut. »

Le cinéphile a dit ....

[LE DISCOURS RAPPORTÉ ET LA CONCORDANCE DES TEMPS]

p. 144

10 Émilie a passé un casting pour un rôle de danseuse dans un clip vidéo. Transposez les questions de la directrice de casting au discours rapporté, comme dans l'exemple.

Exemple : *Où avez-vous vu notre annonce ? → Elle m'a demandé où j'avais vu leur annonce.*

a. Collaborez-vous à des projets artistiques actuellement ?

→ Elle m'a demandé ....

b. Avez-vous déjà entendu parler du groupe Manoleto ?

→ Elle a voulu savoir ....

c. Quels clips de ce groupe connaissez-vous ?

→ Elle m'a demandé ....

d. Qu'est-ce que vous préférez comme style de musique ?

→ Elle a voulu savoir ....

e. Serez-vous libre pour le tournage les 2 et 3 avril ?

→ Elle m'a demandé ....

f. Est-ce qu'un salaire de 250 euros vous convient pour les deux jours de travail ?

→ Elle a voulu savoir ....

[LE DISCOURS RAPPORTÉ ET LA CONCORDANCE DES TEMPS]

p. 144

11 Lisez l'histoire ci-dessous puis écrivez le dialogue entre Antoine et Lili, comme dans l'exemple.

Exemple : *ANTOINE : Ça te dirait d'aller voir une expo de peinture avec moi ? Tu aimes l'art contemporain ?*
LILI : ....

Antoine a proposé à Lili d'aller voir une exposition de peinture avec lui. Il lui a demandé si elle <u>aimait</u> l'art contemporain. Elle lui a répondu qu'elle <u>préférait</u> la peinture ancienne mais qu'elle <u>serait</u> contente de l'accompagner. Il lui a dit qu'il <u>connaissait</u> une petite galerie d'art rue de Seine et a ajouté qu'il y <u>aurait</u> un vernissage à 19 h. Elle a voulu savoir si elle <u>devait</u> porter des vêtements plus chic pour y aller. Il lui a répondu que ce n'<u>était</u> pas du tout formel, qu'il y <u>aurait</u> ses amis et qu'après ils <u>iraient</u> prendre un verre. Il a précisé qu'elle <u>pourrait</u> venir avec eux.

ANTOINE : Ça te dirait d'aller voir une expo de peinture avec moi ? Tu .... l'art contemporain ?

LILI : Je .... la peinture ancienne mais je .... contente de t'accompagner.

ANTOINE : Je .... une petite galerie d'art rue de Seine. Il y .... un vernissage à 19 h.

LILI : Je .... porter des vêtements plus chic pour y aller ?

ANTOINE : Ce n'.......... pas du tout formel et il y .... mes amis. Après nous .... prendre un verre. Si tu veux, tu .... venir avec nous.

Dossier 2 La belle Histoire

[L'HISTOIRE] p. 153

1 Associez chaque site à un des termes proposés.

a. Notre-Dame de Paris •	• **1.** des vestiges romains
b. Les arènes de Nîmes •	• **2.** un ancien palais royal
c. Montparnasse •	• **3.** un château fort
d. Guédelon •	• **4.** un musée d'Art moderne
e. Le Centre Pompidou •	• **5.** une cathédrale
f. Le Louvre •	• **6.** une tour

[L'HISTOIRE] p. 153

2 Trouvez l'intrus dans les listes de mots.

a. le général – le roi – le monarque – le souverain
b. le chantier – la bataille – les fouilles – les ruines
c. la rose – la couronne – le trône – la fleur de lys
d. le monastère – la chapelle – le pont – l'église
e. la monarchie – l'Empire – la République – la démocratie
f. la guerre – le combat – la paix – les armes
g. Louis XVI – la Révolution française – la République – la Bastille

[L'HISTOIRE] p. 153

3 Entourez le terme qui convient.

a. *L'archéologue / L'architecte / L'archevêque* dessine des plans.
b. Cette cathédrale est endommagée. Il faut la *restaurer / laver / nettoyer*.

c. L'Arc de Triomphe est *un bâtiment / un monument / un immeuble* historique.

d. Pour accéder à l'entrée du château fort, on traverse *le viaduc / le pont-levis / le pont Neuf*.

e. En Mai 68, les étudiants et les ouvriers faisaient *la guerre / la fête / la grève*.

f. La Belle Époque est *un événement / une période / une chanson* du XXe siècle.

[L'HISTOIRE] p. 153

4 Reliez ces faits historiques à une période de l'Histoire.

a. Mai 68	•	•	**1.** Le Moyen Âge
b. Le procès de Jeanne d'Arc	•	•	**2.** Le Moyen Âge
c. L'édification des pyramides en Égypte	•	•	**3.** L'Antiquité
d. La chute du mur de Berlin	•	•	**4.** L'Antiquité
e. La fondation de Rome	•	•	**5.** L'Époque contemporaine
f. La construction des cathédrales	•	•	**6.** L'Époque contemporaine

[LE PASSÉ SIMPLE] p. 150

5 Complétez le tableau : conjuguez les verbes au passé composé et au passé simple.

	Passé composé	Passé simple
Avoir (je)	....	....
Prendre (tu)	....	....
Aller (elle)	....	....
Commencer (on)	....	....
Connaître (nous)	....	....
Recevoir (vous)	....	....
Savoir (ils)	....	....
Vouloir (je)	....	....
Dormir (tu)	....	....

	Passé composé	Passé simple
Dire (elle)	....	....
Partir (nous)	....	....
Vivre (vous)	....	....
Sortir (ils)	....	....

[LE PASSÉ SIMPLE] p. 150

6 Transformez les verbes soulignés au passé composé.

Marie-Antoinette de Habsbourg-Lorraine naquit .... à Vienne et fut .... reine de France de 1774 à 1793. Afin de resserrer les liens entre la France et l'Autriche, elle épousa .... le dauphin de France, le futur roi Louis XVI. À l'âge de 19 ans, elle devint .... reine de France. Cependant, Marie-Antoinette eut .... du mal à s'habituer à sa nouvelle vie.

Pour se divertir, elle mena .... une vie festive et organisa .... de grands bals. Elle se fit .... également construire le Petit Trianon afin de s'éloigner de la Cour. Petit à petit, la reine fut .... détestée. Comme elle resta .... très attachée à son Autriche natale, les Français surnommèrent .... Marie-Antoinette, « l'Autrichienne ». À partir de 1789, elle se retrouva .... face à la Révolution. Durant les émeutes du 5 octobre 1789, elle dut .... s'enfuir de Versailles avec le roi et ses fils mais ils furent .... arrêtés à Varennes puis emprisonnés.

Marie-Antoinette fut .... guillotinée le 16 octobre 1793, à l'âge de 38 ans, suite à un procès expéditif.

[LE PASSÉ SIMPLE] p. 150

7 Conjuguez les verbes entre parenthèses au passé simple.

a. 1539 : Par l'ordonnance de Villers-Cotterêts, le français (s'imposer) .... comme langue officielle du royaume. Tous les actes (devoir) .... être rédigés « en langage maternel français et non autrement ».

b. 1572 : Massacre de la Saint-Barthélemy. Les protestants (être) .... pour-chassés dans plusieurs grandes villes françaises. La répression (faire) .... plusieurs milliers de morts.

c. 1661-1715 : Louis XIV (régner) .... sur la France. Versailles (symboliser) .... le prestige royal.

d. 1789 : Le 14 juillet, la Bastille, prison royale, (tomber) .... aux mains des révolutionnaires.

e. 1852 : Début du Second Empire. Louis Napoléon Bonaparte (devenir) .... empereur.

f. 1905 : Une loi (établir) .... la séparation de l'Église et de l'État.

g. 1981 : Les Français (voter) .... pour François Mitterrand à la présidence de la République. La peine de mort (être) .... abolie l'année de son élection.

[SE SITUER DANS LE TEMPS ET DANS L'ESPACE] p. 151

8 Complétez le texte avec les mots suivants : *dans / à / au / en / de / par / pour / sur*.

Les Journées du Patrimoine ont lieu chaque année .... automne. Plus de 16 000 sites .... France, dont 300 .... Paris, ouvriront .... septembre leurs portes au public. Découvrez notre sélection .... différents quartiers de la capitale.

- Paris 5e : Ne manquez pas la visite guidée qui passe .... le Quartier Latin. Partez ensuite .... un voyage .... le Paris romain à la découverte des arènes de Lutèce.
- Paris 20e : Visite guidée du pavillon de l'Ermitage et promenade .... la place de Bagnolet et .... les rues environnantes.
- Paris 13e : Les visiteurs pourront admirer la bibliothèque François Mitterrand inaugurée .... 1995 ainsi que le château de la Reine Blanche, construit .... XIIe siècle. Une des rares demeures médiévales .... Paris.

Phonie-graphie Le son [o]

[LE SON [o]]

Complétez les mots avec : *o / ô / op / au / aux / aut / eau / aux / eaux*.

a. Le musée des B……… -Arts ferme tr……… t……… t.

b. Il y a une ph……… t……… des vitr……… du chât……… de Blois dans les journ……… .

c. Il f……… rest……… rer ce tabl……… pour l'exp……… sition de n……… vembre.

d. C'est un f……… cr……… quis de Picass……… ! Où est l'……… thentique ?

e. Le public appl……… dit le c……… médien qui joue le r……… le principal.

Détente

Retrouvez les 10 mots cachés dans la grille. Certains mots sont cachés en diagonale ou à l'envers.

a. histoire
b. art
c. monument
d. château
e. orchestre
f. public
g. peintre
h. œuvre
i. cirque
j. photo

M	O	N	U	M	E	N	T	O	L
F	R	G	E	L	I	C	E	C	P
P	C	E	L	A	B	P	A	I	H
C	H	A	T	E	A	U	I	R	I
S	E	O	R	C	E	B	S	Q	T
O	S	P	T	J	U	L	A	U	P
L	T	R	H	O	F	I	B	E	E
T	R	O	E	L	D	C	E	O	I
O	E	U	V	R	E	R	L	L	N
E	L	O	D	I	E	B	L	X	T
M	A	R	I	O	N	P	E	I	R
E	R	I	O	T	S	I	H	U	E

Compréhension écrite

Lisez ce document et répondez aux questions. Justifiez vos réponses par une phrase du texte quand c'est demandé.

TENDANCE - LA BANDE DESSINÉE ABANDONNE DE PLUS EN PLUS LA PURE FICTION AU PROFIT DE L'ACTUALITÉ...

Creuse* et infantilisante. Voilà comment la bande dessinée était considérée il y a vingt ans. La perception de ce médium a évolué grâce à un courant de plus en plus populaire qu'on pourrait appeler « BD du réel », en opposition à une BD de fiction ou de pur divertissement. Sa mission : rapporter et renseigner sur le monde qui nous entoure.

Le genre a ses codes, ses stars, comme l'Américain Joe Sacco, qui a donné ses lettres de noblesse au « reportage BD », ou le Québécois Guy Delisle, dont les *Chroniques de Jérusalem* (Delcourt) viennent de recevoir le *Fauve d'or* du meilleur album à Angoulême et poursuivent une carrière de best-seller, se classant deuxième des ventes de BD en France cette semaine.

Des lecteurs moins passifs

La BD du réel vit sous forme de reportages comme chez Joe Sacco qui fréquente les théâtres de guerre. Mais aussi de documentaires : *Les Ignorants* d'Étienne Davodeau (Futuropolis) relate, à la façon de « Vis ma vie », les échanges entre un vigneron et un auteur de BD.

Autant d'approches qui voient les auteurs de la « BD du réel » devenir des relais de l'actualité ou de l'histoire, poussant ses lecteurs à en devenir des témoins moins passifs, quand elle ne fait pas œuvre pédagogique.

Ainsi, l'album grec *Logicomix* (Vuibert) raconte les fondements des mathématiques. Étienne Davodeau ne se considère pas pour autant comme un journaliste : « Je suis un auteur de BD, point. En tant que langage, elle peut aborder tous les genres, du divertissement à des récits animés d'ambitions sociologique, politique, historique, etc. »

Éric, un collectionneur de reportages dessinés, juge que les auteurs qui se plient à cet exercice « n'ont rien à envier à leurs collègues de la presse écrite ». La preuve, le magazine *XXI* « publie systématiquement des reportages BD aux côtés d'enquêtes classiques ».

Dans tous les cas, le phénomène séduit un large public « parce que les auteurs font transparaître leur sensibilité et que ça crée une intimité qui nous oblige à mieux réfléchir à leurs propos », ajoute Éric. À ce titre, il contribue à faire de la bande dessinée un art mature.

Olivier Mimran, *20 Minutes*, 28 février 2012.

* creuse : qui n'est pas intéressante.

1 Cet article a paru dans la rubrique :

O Sortir

O Culture

O Faits divers

2 Il y a encore vingt ans, l'opinion générale sur la bande dessinée était :

O Positive

O Négative

3 Les auteurs de « BD du réel » témoignent du monde qui les entoure.

O Vrai

O Faux

4 Quelles sont les thématiques abordées dans les « BD du réel » ? Cochez 4 réponses.

O L'actualité

O Le divertissement

O Le documentaire

O La fiction

O L'histoire

O Le reportage

5 Qu'est-ce que le *Fauve d'or* du meilleur album ?

O Un prix décerné au festival de la BD d'Angoulême.

O Le titre d'une bande dessinée.

6 « *Les Chroniques de Jérusalem* poursuivent une carrière de best-seller. » Quel est le sens de cette phrase ?

O L'album a peu de succès.

O L'album se vend bien.

O L'album sera adapté au cinéma.

7 Tous les auteurs de BD se considèrent comme des journalistes.

O Vrai

O Faux

Justification : ....

....

8 Les « BD du réel » ont du succès auprès du public.

O Vrai

O Faux

Justification : ....

....

Production écrite

Hier soir, vous avez assisté à un spectacle (cirque, pièce de théâtre, concert...). Dans une lettre à un(e) ami(e) français(e), vous racontez votre soirée. Vous lui expliquez pourquoi vous avez aimé ou non ce spectacle. (160 à 180 mots)

AINSI VA LE MONDE !

Dossier 1 Vivre l'Europe

[L'UNION EUROPÉENNE] p. 160

1 Cochez la réponse correcte.

a. Qu'est-ce que le marché unique ?

O Un grand centre commercial où l'on trouve des produits issus de toute l'UE.

O La liberté de circulation des personnes, des biens, des services et des capitaux dans l'UE.

O Un système harmonisé pour les téléphones mobiles vendus dans l'UE.

b. Le terme « eurocrate » désigne :

O un fonctionnaire européen.

O un organe de surveillance européen.

O un appareil de cuisson belge pour les frites.

c. Qu'est-ce qu'une directive européenne ?

O Un acte juridique européen.

O Une stratégie économique pour stimuler la croissance et l'emploi.

O Une prime pour les banquiers.

d. Un amendement est :

O un prêt spécial accordé aux petites entreprises.

O une modification apportée à un projet de loi.

O un partenariat entre pays européens producteurs d'amandes.

e. L'expression « sommet européen » désigne :

O l'accès à des services de traduction et d'interprétation.

O le Mont Blanc, dans les Alpes.

O une réunion entre chefs d'États européens.

[L'UNION EUROPÉENNE] p. 160

2 Entourez l'élément qui convient.

a. Le drapeau de l'UE est *bleu / vert* avec des étoiles dorées.

b. Vous pouvez assister à des débats dans *l'hémicycle / la rotonde* du Parlement européen pendant la session plénière.

c. Les citoyens de l'UE sont représentés par *les ministres / les députés* élus au suffrage universel direct au Parlement européen.

d. La Cour de justice veille au respect de *la législation / la politique* européenne.

e. La Cour des comptes contrôle *le fonctionnement / le financement* des activités de l'UE.

f. L'Euro est *la monnaie / le change* unique de la zone euro.

g. L'espace Schengen est une zone de libre circulation *des personnes / des oiseaux migrateurs* entre les États signataires de l'accord.

h. Au sein de la Commission européenne, les traducteurs travaillent par *écrit / oral* et les interprètes, uniquement à l'*écrit / oral*.

i. « Unie dans la diversité » est *la devise / le règlement* de l'Union.

[L'UNION EUROPÉENNE] p. 160

3 Complétez ce texte avec les mots suivants : *traducteurs / économique / citoyen / politiques / langues officielles / fonctionnaire européen.*

Comment devenir traducteur pour la Commission européenne ?

Pour occuper un poste permanent de traducteur, il faut être .... d'un des États membres del'UE. En outre, il est nécessaire de devenir .... – et pour cela, réussir un concours de recrutement. Il faut maîtriser trois des .... de l'Union européenne. Les futurs .... de la Commission devront traduire des textes ...., juridiques et administratifs. Souvent complexes, ces textes portent sur différents domaines d'activité de l'Union européenne (financier, ..., scientifique, etc.).

[LA CAUSE ET LA CONSÉQUENCE] p. 162

4 Choisissez l'articulateur qui convient pour exprimer la cause.

a. *En raison de / Puisque* je participerai à une réunion demain, je serai absente une bonne partie de la journée.

b. Le Parlement européen a obtenu un rôle plus important *grâce au / à cause du* traité de Lisbonne.

c. *Étant donné que / Car* Marc travaille pour un lobby agroalimentaire, il obtient ce qu'il veut auprès des députés.

d. *Comme / À cause* des nouveaux règlements, certains fonctionnaires sont inquiets.

e. *Vu que / Du fait de* Paul est parfaitement bilingue, c'est lui l'interprète du président.

f. Ils sont en retard *en raison d' / parce qu'* ils ont longuement discuté avec les députés.

[LA CAUSE ET LA CONSÉQUENCE] p. 162

5 Transformez ces phrases en utilisant *à cause de* et *grâce à*.

Exemple : *Mes parents m'ont donné de l'argent et j'ai fait le tour de l'Europe.* → *Grâce à l'argent de mes parents, j'ai fait le tour de l'Europe.*

a. Pierre l'a invitée et elle a visité le Parlement européen.

→ ...., elle a visité le Parlement européen.

b. L'interprète était absent et la réunion a été annulée.

→ ...., la réunion a été annulée.

c. Il y avait une grève des transports et elle a manqué son train pour Strasbourg.

→ ...., elle a manqué son train pour Strasbourg.

d. L'UE lui a accordé des subventions et il a pu moderniser son matériel.

→ ...., il a pu moderniser son matériel.

e. Un agent de sécurité est intervenu et nous n'avons pas eu accès aux bâtiments officiels.

→ ...., nous n'avons pas eu accès aux bâtiments officiels.

f. Elle a révisé jour et nuit et a été reçue au concours de traduction.

→ ...., elle a été reçue au concours de traduction.

[LA CAUSE ET LA CONSÉQUENCE] p. 162

6 Associez les débuts de phrase à leur fin.

a. Les députés européens votent grâce à un système électronique, •
b. La réforme de la PAC ne satisfait pas ces agriculteurs, •
c. Les députés européens ne pourraient pas suivre les débats sans l'interprétation, •
d. Les écologistes ont pu parler avec un Commissaire en charge de l'agriculture, •

• **1.** alors ils auront une réponse rapide.
• **2.** c'est pourquoi elle est de grande qualité.
• **3.** du coup ils manifestent.
• **4.** par conséquent c'est plus fiable.

[LA CAUSE ET LA CONSÉQUENCE] p. 162

7 Exprimez la conséquence avec *tellement (de)* ... *que* en plaçant correctement l'articulateur dans la phrase.

Exemple : *Elle parle bien français. Elle n'a pas besoin d'interprète.* → *Elle parle* ***tellement*** *bien français* ***qu'****elle n'a pas besoin d'interprète.*

a. Le député a mangé. Il s'est endormi pendant la séance.

→ .... il s'est endormi pendant la séance.

b. Il y a du vent. Le drapeau de l'UE vient de s'envoler !

→ .... le drapeau de l'UE vient de s'envoler !

c. Bruxelles est loin. Nous y allons rarement.

→ .... nous y allons rarement.

d. Elle est compétente. Sa candidature a été sélectionnée pour un poste à l'UE.

→ .... sa candidature a été sélectionnée pour un poste à l'UE.

e. Il a neigé cette nuit. Les députés étaient en retard ce matin.

→ .... les députés étaient en retard ce matin.

f. Ce règlement est strict. Il faudrait le changer.

→ ....il faudrait le changer.

g. Ce projet de loi était important. Il a été adopté à l'unanimité.

→ .... il a été adopté à l'unanimité.

[LA CAUSE ET LA CONSÉQUENCE] p. 162

8 Complétez les phrases avec les expressions de cause et de conséquence suivantes : *à cause de / puisque / tellement / parce que / grâce à / par conséquent*.

a. Bon, Zoé, ... tu n'es pas d'accord, tu ne signeras pas cette pétition.

b. Il a pu travailler à la Cour des comptes .... son frère qui a quelques contacts là-bas.

c. Je n'ai pas terminé ce travail .... je n'en ai pas eu le temps !

d. Il a été exclu du parti .... son attitude négative.

e. Il y a .... de bâtiments que je ne sais pas quels sont ceux de la Commission européenne.

f. Certains pays veulent adhérer à l'UE ; ...., ils doivent répondre à certains critères.

Dossier 2 Si loin, si proches

[LA MONDIALISATION] p. 171

1 Que fait chacune de ces institutions ? Associez les éléments correspondants.

a. l'OTAN •	• **1.** a pour but de garantir la stabilité financière des pays.
b. l'UNESCO •	• **2.** assure la défense militaire des pays qu'elle réunit.
c. l'OMS •	• **3.** fait la promotion des sciences et de l'éducation pour contribuer au maintien de la paix.
d. le FMI •	• **4.** mène des actions pour la santé publique.
e. l'ONU •	• **5.** regroupe 75 pays membres qui ont en commun la langue française.
f. l'OIF •	• **6.** regroupe presque tous les États du monde dans le but de maintenir la paix mondiale.

[LA MONDIALISATION] p. 171

2 Entourez l'intrus dans chaque liste de mots.

a. l'essor – la récession – la crise – la dépression

b. privilégié – riche – aisé – populaire

c. émigrer – immigrer – s'exiler – s'expatrier

d. la croissance – le développement – l'essor – la stagnation

e. l'affaiblissement – l'enrichissement – l'appauvrissement – le ralentissement

f. le producteur – l'exportateur – le consommateur – le fabricant

[LES PRONOMS SIMPLES] p. 168

3 Complétez ces phrases à l'aide des pronoms compléments suivants : *le / la / l' / lui / leur / y / en / les*.

a. Cette militante de Greenpeace, tu .... connais ? Tu ....as rencontrée où ?

b. J'ai vu d'anciens collègues de MSF hier. Je .... ai dit que j'aimerais .... revoir plus souvent.

c. La hausse des prix ? Bien sûr, je .... ai constatée !

d. Elle a travaillé à l'OMS ? Oui, elle .... a travaillé pendant cinq ans.

e. Il y a des ressources naturelles dans cette région ? Non, il y .... a peu.

f. Tu parles l'italien ? Oui, je .... parle couramment.

g. Tu es encore en contact avec Marc ? Oui, je .... ai envoyé un mail ce matin.

[LES DOUBLES PRONOMS] p. 168

4 Remettez les phrases suivantes dans l'ordre.

Il – a – dit. – le – lui

→ ....

Je – ai – emmené. – l' – y

→ ....

Elles – donné – en – leur – ont – un.

→ ....

Vous – accompagnés. – avez – les – y

→ ....

Je – en – rapporterai. – t'

→ ....

Nous – avons – en – lui – ne – parlé. – pas

→ ....

Tu – a – demandés ? – encore – les – lui – ne – pas

→ ....

[LES DOUBLES PRONOMS] p. 168

5 Remplacez les éléments soulignés à l'aide de pronoms compléments. Faites l'accord du participe passé quand c'est nécessaire.

a. Il enseigne le français aux migrants.

→ ....

b. Elle parle souvent de son pays d'origine à ses amis.

→ ....

c. Il ne m'a pas rendu le livre *Globalia*.

→ ....

d. Elle voudrait transmettre les traditions culinaires de son pays à ses enfants.

→ ....

e. Je vais demander l'adresse de l'UNESCO à Louise.

→ ....

f. Nous avons rencontré les nouveaux expatriés à l'ambassade.

→ ....

g. Je ne t'ai pas demandé ton opinion !

→ ....

h. Il m'a expliqué qu'il fallait faciliter l'intégration des immigrés.

→ ....

[LES DOUBLES PRONOMS] p. 168

6 Répondez aux questions en utilisant deux pronoms, comme dans l'exemple.

Exemple : *Tu reproches à ce chef d'entreprise d'avoir délocalisé sa production ? Oui, je* ***le lui*** *reproche.*

a. Marie a dit à son frère qu'elle avait été embauchée à l'ONU ?

Oui, ...

b. Cet homme a déplacé ses capitaux en Suisse ?

Oui, ...

c. Peux-tu m'expliquer ce qu'est la mondialisation ?

Non, ...

d. La banque européenne a prêté de l'argent à des pays qui ne font pas partie de l'UE ?

Non, ...

e. Est-ce que tu as envoyé des programmes d'aide au directeur de cette ONG ?

Oui, ...

Phonie-graphie Le son [s]

[LE SON [s]]

Complétez les mots avec : *s / ss / sc / c / ç / t / x*.

a. Où .... e trouve la Commi .... ion ? À Bru .... elles ?

b. Pour .... es soi .... ante ans, elle a re .... u un bra .... elet.

c. Les sau .... i .... ons .... ecs de Stra .... bourg .... ont a .... ez .... alés.

d. La démocra .... ie parti .... ipative est e .... en .... ielle pour .... es .... itoyens.

e. Le gar .... on très ambi .... ieux a pa .... é un bac .... ientifique.

f. Qu'est- .... e que .... 'est l'Orient-Expre .... ? Un train fran .... ais ou ru .... e ?

Détente

À l'aide des devinettes, remettez les lettres dans l'ordre pour obtenir le bon mot.

a. On y va pour faire ses achats et on y lance de nouveaux produits.

CHARMÉ → M......................................É

b. Les entreprises y font très attention.

CRUNNOCERCE → C......................................E

c. Naturelles ou financières, il faut en prendre soin.

SERUCROSES → R......................................S

d. Du Mont Blanc ou du G20.

MOSTEM → S......................................T

e. Il donne sa version ou aide à communiquer.

PERITRÈNET → I......................................E

f. Toujours plus. SIARCESNOC → C......................................E

g. Intérêt ou profit tiré d'un travail.

BATTRILÉNIE → R......................................É

h. Mouvement d'interdépendance des pays de la planète.

NIADOSMITALINO → M......................................N

Compréhension écrite

Lisez le texte et cochez la réponse qui convient. Justifiez vos réponses avec une phrase du texte quand c'est demandé.

Interview de Pierre Deyriès, IKEA France

IKEA est implanté en Europe, en Amérique du Nord et dans une partie de l'Asie. Or, les produits sont tous conçus en Suède. IKEA ne participe-t-il pas à une uniformisation des goûts au niveau mondial, forme d'appauvrissement culturel ?

PIERRE DEYRIÈS : Très honnêtement, j'attends que l'on me démontre que les Européens n'ont pas *in fine* les mêmes goûts. Certes, un Suédois n'aménagera pas sa maison avec le goût du baroque d'un Italien, mais la lecture de livres d'histoire de l'ameublement est très intéressante sur ce sujet. On démontre facilement qu'au XVIIIe siècle, il y a eu un foisonnement d'idées et de rencontres culturelles qui font que l'on retrouve à travers toute l'Europe un même style, parce que Untel, de la Cour de France, avait voyagé à la Cour de Russie, où il avait amené son style et les idées françaises et d'où il est reparti avec les idées russes mais également italiennes car il séjournait en même temps qu'un Italien, qui lui, est reparti en Italie avec les idées du Français, en faisant un détour par l'Angleterre, etc., etc. Bref, il y a eu des meubles Louis XV de l'Atlantique à l'Oural…

Pour revenir à aujourd'hui, IKEA, c'est une offre parmi d'autres. Certes, le catalogue IKEA est quasiment identique à travers le monde et l'offre est identique dans les magasins IKEA de la planète. Mais chacun, de par son histoire personnelle, ses goûts et aussi ses besoins, va aménager son appartement à sa guise, choisir tel ou tel meuble chez IKEA et en faire tel ou tel usage. Donc je ne pense pas qu'il y ait ni qu'il y aura uniformisation. Tout le monde pourrait acheter chez IKEA, tout le monde n'achète pas chez IKEA. Et même parmi les gens qui viennent chez IKEA et qui ont objectivement les mêmes besoins, vous pouvez être sûr qu'ils n'achèteront pas les mêmes choses. Je conçois qu'on se pose la question, mais ce n'est pas une réalité dans les faits.

www.femininbio.com

1 Ce texte est :

O une interview.

O un éditorial.

O une critique.

2 D'après Pierre Deyriès, l'uniformisation des goûts en Europe date des années :

O 1600.

O 1700.

O 1800.

O 1900.

3 Les meubles de l'époque de Louis XV se sont exportés dans toute l'Europe.

O Vrai

O Faux

Justification : ....

....

4 IKEA est presque le seul fournisseur de meubles en Europe.

O Vrai

O Faux

Justification : ....

....

5 « Aménager son appartement à sa guise » signifie :

O l'agencer à sa manière

O l'organiser fonctionnellement

O l'arranger avec goût

6 Qu'est-ce qui fait que chacun aménage son appartement comme il veut ?

O la diversité de l'offre

O l'histoire personnelle

O le prix

O les goûts

O les besoins

O le désir d'originalité

Production écrite

Répondez à ce message en laissant votre avis sur le forum. Dites ce que vous pensez de la délocalisation/relocalisation des entreprises dans un texte argumenté (160-180 mots).

Bonjour à tous,

J'ai vu un reportage à la télé hier, cela parlait du phénomène de relocalisation des entreprises. Certaines entreprises avaient délocalisé leurs usines car la main-d'œuvre est moins chère dans d'autres pays, mais maintenant, avec le prix du pétrole, cela revient moins cher de ramener les usines en France. Je trouve qu'on devrait encourager les entreprises qui relocalisent. Et vous, est-ce la même chose dans votre pays ?

Qu'en pensez-vous?

CORRIGÉS

unité 1

Dossier 1

page 3

Exercice 1

La chambre

L'armoire – La couverture – La lampe de chevet – Le drap – Le tapis

La cuisine

La bouilloire – La nappe – Le savon

La salle de bain

Le dentifrice – Le savon

Le séjour

L'armoire – Le clic-clac – Le fauteuil – Le tapis

Exercice 2

a. emménager – **b.** acheter – **c.** aménager – **d.** louer – **e.** rénover – **f.** déménager

page 4

Exercice 3

logement – locataire – appartement – résidence universitaire – propriétaire – loyer

Exercice 4

a. pièces – chambres – séjour – équipée – salle de bain – douche – **b.** lumineux – **c.** balcon – mètres – **d.** étage – ascenseur – **e.** à proximité – **f.** charges – loyer

page 5

Exercice 5

1. j – **2.** h – **3.** e – **4.** d – **5.** i – **6.** k – **7.** c – **8.** a – **9.** f – **10.** b – **11.** g

Exercice 6

ai été – étais – as pris – prenais – s'est installée – s'installait – a construit – construisait – avons eu – avions – avez reçu – receviez – ai vu – voyais – as bu – buvais – est morte – mourait – avons fini – finissions – avez vécu – viviez – se sont inscrits – s'inscrivaient

page 6

Exercice 7

vivait – manquait – ne se sentait pas – louait – se sentait – ne connaissait pas – ne progressait pas – ont découvert – a présentées – ont décidé – a emménagé – a changé

Exercice 8

a. ai acheté – **b.** est rentré – préparaient – **c.** ont visité – ont eu – ont décidé – cherchaient – **d.** avons fait – **e.** distribuait – est passé – était stressée – attendait – **f.** nettoyait –a sauté – est tombé – **g.** avait – a déménagé – **h.** ont offert – ai proposé

page 7

Exercice 9

a. ont dû – **b.** se sont inscrits – **c.** a achetés – **d.** s'est mariée – **e.** s'est cassé – **f.** a lue – **g.** se sont parlé – **h.** se sont installées

Exercice 10

a. Ils ont dîné tôt. **b.** – Jamila n'a pas toujours vécu à Nice. – **c.** Tout le monde a vraiment aimé cette colocation. – **d.** Ils ont pris régulièrement le dîner ensemble. – **e.** Cela s'est très mal passé. – **f.** Elle a beaucoup mangé.

Dossier 2

page 8

Exercice 1

CRU – le poivron – VERT – le fruit – PLATE – l'eau – SUCRÉE – la tarte – INDUSTRIEL – le pain – EN CONSERVE – les haricots – ÉPICÉ – le couscous

Exercice 2

a. délicieuse – **b.** frais – **c.** immangeable – **d.** cuit – **e.** salés – **f.** acide

page 9

Exercice 3

a. service – **b.** cuisine – **c.** service – **d.** cuisinière – **e.** service – **f.** cuisinière – **g.** cuisine – **h.** service

Exercice 4

tiennent – tiennes – tenons – teniez – boivent – boive – buvons – buvions – choisissent – choisisse – choisissons – choisissiez – étudient – étudie – étudions – étudiions – croient – croie – croyons – croyiez – mettent – mettes

page 10

Exercice 5

a. choisisses – **b.** communiquiez – **c.** prévoies – **d.** fassiez – **e.** fixiez – vous y teniez – **f.** cuisiniez – dîniez – **g.** acceptes

Exercice 6

a. Tu as pris du poids. Tu devrais → **3.** suivre un régime.

b. Pour être en forme, il serait bon que → **4.** tu manges sainement.

c. Pour le mariage de ta fille, je te conseille d' → **2.** organiser un repas gastronomique.

d. Vous feriez mieux de → **1.** laver cette pomme avant de la croquer.

e. Comme il pleut, il vaudrait mieux que → **5.** vous annuliez le pique-nique.

page 11

Exercice 7

a. de

b. que

c. à

d. de

e. d'

f. Ø

Exercice 8

a. prenne

un ordre

b. débarrassiez

une interdiction

c. sortes

une permission

d. mette

un ordre

e. puissent

une permission

f. fasses

un ordre

g. prépariez

une interdiction

page 12

Phonie-graphie

a. ai – é / ef – é – **b.** es – ée – er – ed – es – et – **c.** er – ez – é – **d.** E – es – é – é – er – es – **e.** es – é – ez – é – er

Détente

a. le portugais – **b.** l'italien – **c.** le danois – **d.** le vietnamien – **e.** l'anglais – **f.** le japonais – **g.** l'aztèque – **h.** le chinois – **i.** l'espagnol – **j.** le turc – **k.** le grec – **l.** l'arabe – **m.** le turc – **n.** l'italien – **o.** le bulgare

page 13

Compréhension écrite

1 le développement des jardins partagés en Île-de-France.

2 Vrai. Le président de l'association *Les Jardins du Ruisseau* nous ouvre les portes de ce petit coin de paradis qui séduit de plus en plus de Parisiens.

3 favorise le lien social.

4 Le long d'une voie ferrée.

5 Faux. Cinq cents mètres de long occupés par des fruits, légumes, fleurs et végétaux, de quoi impressionner le badaud.

6 Un promeneur.

7 convivial.

page 15

Production écrite

Proposition de corrigé : Chers tous, Jusqu'à présent, quand je racontais aux Parisiens que j'adorais mettre les mains dans la terre, jardiner et faire pousser des tomates sur mon balcon, cela faisait rire tout le monde et on me regardait comme si j'étais une extraterrestre.Heureusement, au début du mois, j'ai rencontré deux filles qui jardinent et plantent des légumes dans un jardin partagé de Paris. Alors oui, il est possible de jardiner à Paris ! Et quel plaisir ! Elles m'ont proposé de les accompagner et j'y vais maintenant tous les deux jours après le travail. Comme vous le savez, le jardinage me ressource. Ici, cela me permet de ralentir le temps car la vie est bien stressante. Les Parisiens sont toujours pressés ; d'ailleurs, ils devraient tous s'y mettre pour apprendre la patience et le respect de la nature.Je suis vraiment contente d'avoir rencontré de nouvelles amies avec qui partager cette passion. C'est quand même fantastique de voir les légumes pousser et ensuite de les manger ; ils ont un goût incomparable. Nous avons également le projet de planter quelques fleurs et des herbes aromatiques. Une grosse bise à tous,Eva

unité 2

Dossier 1

page 16

Exercice 1

L'enseignement primaire
l'école élémentaire – l'élève – la cantine – la maîtresse – la récréation – le directeur d'école

L'enseignement secondaire
l'élève – la cantine – la pause – le collège – le lycée – le lycéen – le proviseur

L'enseignement supérieur
la fac de Lettres – la pause – le campus – le cours magistral – le resto U – l'amphithéâtre – l'étudiant

page 17

Exercice 2

a. Passer
→ **4.** un test de français.

b. Se présenter
→ **7.** à un concours administratif.

c. Obtenir
→ **5.** une bourse.

d. Intégrer
→ **6.** une école de journalisme.

e. Prendre
→ **2.** un cours du soir.

f. Remplir
→ **3.** un dossier d'inscription.

g. Être titulaire
→ **1.** d'une licence de droit.

Exercice 3

1. c – **2.** b – **3.** f – **4.** a – **5.** e – **6.** d

page 18

Exercice 4

a. qui

b. que

c. qui

d. dont

e. où

f. dont

Exercice 5

a. dont je ne sais pas bien me servir

b. dont on se moque souvent est vraiment charmant

c. dont j'ai besoin n'est pas proposé cette année

d. dont j'admire les œuvres

e. dont ils ignorent encore les résultats

page 19

Exercice 6

qui – qui – que – qui – dont – qu' – que – dont – où

Exercice 7

a. M. Kerouac ? C'est le prof qui
→ **1.** a pris sa retraite en 2011.

b. C'est l'école primaire où
→ **2.** elle allait en 1990.

c. Il est loin le temps où
→ **6.** j'étais étudiant.

d. Mille euros, c'est le montant de la bourse que
→ **7.** le CROUS m'a attribuée.

e. Les travaux de recherche qu'
→ **4.** il mène lui seront utiles.

f. C'est un professeur dont
→ **5.** je me souviendrai toute ma vie.

g. Elle nous a enfin présenté le garçon dont
→ **3.** elle n'arrêtait pas de nous parler.

page 20

Exercice 8

ce qui – ce que – ce qui – ce que

Exercice 9

a. Ce qui – **b.** Ce dont – **c.** ce que – **d.** Ce qu' – **e.** ce dont – **f.** Ce qui – **g.** ce que

Exercice 10

a. c'est ce dont – **b.** c'est ce qui – **c.** c'est ce à quoi – **d.** c'est ce que

page 21

Exercice 11

Proposition de corrigés :

a. de l'injustice sous toutes ses formes – **b.** sa bêtise et sa vulgarité – **c.** les gens qui sont toujours en retard – **d.** ma tendance à remettre les choses à plus tard – **e.** il sait toujours tout sur tout

Dossier 2

page 21

Exercice 1

a. expérimenté

b. courageux

c. motivé

d. appliqué

e. patient

f. intelligent

page 22

Exercice 2

a. travailler au noir
→ **6.** travailler sans être déclaré

b. un travail de fourmi
→ **8.** un travail lent et minutieux

c. travailler pour des prunes
→ **5.** travailler pour rien, sans aucun résultat

d. mettre du cœur à l'ouvrage
→ **4.** travailler avec énergie et envie

e. se tourner les pouces
→ **2.** ne rien faire

f. mettre la main à la pâte
→ **3.** participer à un travail, à un effort collectif

g. avoir du pain sur la planche
→ **1.** avoir beaucoup de travail à faire

h. être un bourreau de travail
→ **7.** travailler énormément

i. avoir les dents longues
→ **9.** être ambitieux

Exercice 3

a. mention

b. option

c. diplôme

d. formation continue

e. compétences

f. participation

g. collaboration

h. stage

page 24

Exercice 4

activement – particulièrement – rarement – soudainement – éventuellement – considérablement – récemment – complètement

Exercice 5

a. Tu dois faire sérieusement tes exercices. – **b.** Vous devez rendre plus rapidement vos dossiers. – **c.** Expliquez-moi précisément l'ensemble de vos revendications. – **d.** Les patrons et les employés devraient se rencontrer plus régulièrement. – **e.** Maniez délicatement ces outils.

page 25

Exercice 6

a. bon emploi

b. entreprise allemande

c. indemnités financières

d. grand bureau

e. secteur public

f. idée créative

g. nouveau conseil d'administration

h. petite pause

Exercice 7

a. des – **b.** d' – **c.** des – **d.** de – **e.** des – **f.** d' – **g.** d'

Exercice 8

a. prochaine fois

b. dernier candidat

c. semaine dernière

d. dernières réunions

e. week-end prochain

f. prochaines vacances

page 26

Exercice 9

a. un grand projet innovant

b. Le brillant jeune homme

c. votre nouvelle activité professionnelle

d. un bon restaurant italien

e. une vieille dame aimable

Exercice 10

a. Cet homme est exceptionnel.

b. Ton idée est vraiment bizarre !

c. J'ai enfin fait le ménage dans mon bureau.

d. J'ai reçu plusieurs propositions d'emploi.

e. Cet homme a beaucoup d'ennuis.

f. Ma collaboratrice est sympathique.

g. J'ai un client qui me pose des questions indiscrètes.

h. Ce candidat a un très bon CV.

page 27

Phonie-graphie

a. ou – out – ou – **b.** aoû – où – **c.** ou – ous – ous – ou – oû – **d.** oup – oup – **e.** oo – oo – **f.** oû – out – **g.** ous – oux

page 28

Détente

1 entreprise

2 salaire

3 médecin

4 personnel

5 embaucher

6 licencier

page 29

Compréhension écrite

1 Le travail et la santé des seniors

2 Elle a étudié les résultats d'études déjà existantes.

3 Vrai. Elle met l'accent sur une variable à ses yeux décisive : la faculté de choisir.

4 Faux. Pas facile de tirer des enseignements clairs des enquêtes existantes.

5 Vrai. Certaines concluent à un effet positif du travail sur la santé, mais portent souvent sur des catégories socioprofessionnelles plutôt favorisées.

6 ils n'ont pas la sécurité de l'emploi.

7 un bon salaire

la liberté de continuer à travailler

un poste intéressant

8 les professionnels ayant un poste valorisant.

page 31

Production écrite

Depuis quelques années, les lois sur le départ à la retraite font qu'on doit travailler de plus en plus longtemps en Espagne. Si l'on veut résoudre la crise actuelle, je ne pense pas que cela soit la bonne solution. En effet, il y a de plus en plus de chômeurs, il vaut donc mieux que les plus âgés partent à la retraite pour libérer les postes de travail. Mais je pense aussi que partir à la retraite devrait être moins brutal, cela devrait être un processus progressif qui permette, d'une part de s'habituer à un nouveau rythme de vie, et d'autre part, le passage à la retraite devrait être vu comme un passage de relai. C'est-à-dire que les plus âgés devraient consacrer du temps à partager leur expérience avec les plus jeunes. Enfin, on dit toujours que comme on vit plus vieux, on doit travailler plus longtemps, mais pour moi ce n'est pas vrai. En effet, ce n'est pas l'espérance de vie qu'il faut observer, mais l'espérance de vie en bonne santé. Je pense donc qu'il faut partir à la retraite le plus tôt possible pour profiter de la vie.

unité 3

Dossier 1

page 32

Exercice 1

chaîne – émission – audience – télé-spectateurs – petit écran – programme – jeu télévisé – zapper

Exercice 2

a. Partie thématique d'un journal
→ **4.** la rubrique

b. Journal qui paraît une fois par semaine
→ **1.** l'hebdomadaire

c. Nouvelles traitant d'événements de la vie quotidienne
→ **7.** les faits divers

d. Phrases d'accroche situées sur la première page d'un journal
→ **8.** les gros titres

e. Rubrique d'un journal qui présente les réactions des lecteurs
→ **6.** le courrier des lecteurs

f. Article dans lequel le rédacteur en chef donne son opinion sur un sujet d'actualité
→ **2.** l'éditorial

g. Résumé de ce qui est paru dans la presse dans la journée ou dans la semaine
→ **3.** la revue de presse

h. Première page d'un journal
→ **5.** la une

page 33

Exercice 3

a. Diminution du nombre de lecteurs de presse people

b. Convocation du ministre de la Culture par la police

c. Changement de comportement des lecteurs de presse

d. Bon démarrage de L'*Actu*, nouveau journal d'actualités

e. Mariage de Scarlett Johansson

f. Départ à la retraite du présentateur de *Questions pour un champion*.

Exercice 4

a. élire
Politique

b. paraître
Culture

c. gagner
Politique

d. déménager
Politique

e. promettre
Politique

f. partir
Société

g. s'opposer
Environnement

page 34

Exercice 5

a. es

b. Ø

c. e

d. s

e. Ø

f. es

g. e

h. e

Exercice 6

a. La première douche a été mise au point par le Docteur Merry Pelabost en 1872.

b. La crème solaire a été inventée par Eugène Schuller en 1935.

c. Les colorants à cheveux ont été inventés par le même Eugène Schuller en 1909.

d. Le premier bouton à quatre trous était inventé par Alexandre Massé vers 1854.

e. Le port de la montre va être complètement modifié par Louis Cartier en 1904.

f. Le concept de restaurant sera inventé par M. Boulanger en 1765.

g. Pour nous faire connaître, il faut que nos inventions soient présentées au concours Lépine.

page 35

Exercice 7

Une nouvelle dépêche vient d'être publiée par l'AFP : hier dans la soirée, une fenêtre du musée Modigliani a été forcée vers 23 h 30 par un groupe de cinq hommes. Trois toiles de l'artiste italien ont été dérobées. Les voleurs ont pu être identifiés car ils ont été filmés par des caméras de sécurité à l'intérieur du bâtiment. Ils ont été arrêtés par la police ce matin très tôt au domicile de l'un d'entre eux. Les précieuses toiles vont bientôt être récupérées par le musée. Les portes du musée seront rouvertes lundi.

page 36

Exercice 8

a. L'équipe de Monaco s'est fait battre par l'Olympique de Marseille.

b. Le gardien de but s'est fait surprendre par la rapidité de l'attaquant.

c. Le journal local s'est fait racheter par un grand groupe de presse.

d. D'après le journaliste, le voleur s'est fait prendre la main dans le sac.

e. Les téléspectateurs se sont fait manipuler par les médias pendant la campagne présidentielle.

Dossier 2

page 36

Exercice 1

a. ordinateur – écran – souris –
b. virus – courriel – pièce jointe – logiciel – navigateur – clavier – informatique

page 37

Exercice 2

a. envoyé

b. son blog

c. J'appelle

d. ouvrir

e. surfer

f. occupé

g. chatte

Exercice 3

a. pour

b. afin que

c. afin de

d. pour

e. pour que

f. afin d'

g. afin de

page 38

Exercice 4

a. améliorer – **b.** puissent – **c.** équiper – **d.** éviter – **e.** recruter – **f.** aies – **g.** sachiez

Exercice 5

a. Les internautes veulent plus de liberté sur la toile pour pouvoir s'exprimer.

b. Les enseignants veulent interdire le portable dans les écoles pour que les élèves soient plus concentrés.

c. Les entreprises développent les systèmes de visioconférence pour que les cadres n'aient pas à se déplacer pour les réunions.

d. Je vais régulièrement sur des sites Internet de radios françaises pour améliorer ma compréhension orale.

e. J'ai envoyé l'invitation pour ma fête d'anniversaire sur Facebook pour que tout le monde sache la date et l'heure.

f. Les enfants devraient passer moins de temps devant l'ordinateur pour éviter de devenir accros aux jeux vidéos.

page 39

Exercice 6

a. Tu allumes l'ordinateur dès 8 h du matin alors que tu n'as pas encore pris ton petit déjeuner.

b. Tu ne me parles plus du tout.

c. Cette semaine, tu n'as ni sorti la poubelle, ni lavé la vaisselle, ni cuisiné.

d. Je ne te supporte plus.

e. Tu ne m'as jamais traitée comme ça.

f. Et ne fais pas semblant de ne pas comprendre !

g. Je n'aurais jamais dû me marier avec toi.

page 40

Exercice 7

a. Ici on ne fait que travailler.

b. Elle n' a jamais de chance.

c. Il ne m' appelle plus du tout comme avant.

d. Je ne sais pas comment faire marcher mon smartphone.

e. Il ne s' agit pas du tout d' un nouveau logiciel.

f. Vous n' avez pas encore acheté l'application Prenzi ?

g. On a retrouvé la clé USB que tu as perdue mais pas ton ordinateur.

Exercice 8

a. ne reçoit qu'une chaîne de télé ! – **b.** ne me sert qu'à aller sur Internet. – **c.** n'utilisent Internet que pour chatter. – **d.** ne sont que pour les adultes. – **e.** ne regarde que les informations à la télé. – **f.** n'est indispensable que pour les mails.

page 41

Phonie-graphie

a. è – è – ai – ê – **b.** ei – e – e – ai – **c.** ai – e – è – e – ai – **d.** aî – aient – **e.** ai – ai – ai – ai – **f.** ai –è – è – ai – ei – ei – ei – et

page 42

Détente

Nice Matin – Les Cahiers du cinéma – Elle – De particulier à particulier, – Les Inrockuptibles – Challenges – Le Monde – L'Équipe – Elle – Gala – Paris Match

page 43

Compréhension écrite

1 décrire l'utilisation des réseaux sociaux en France.

2 accros

3 ont un compte sur un réseau social.

4 Vrai. C'est un plébiscite : 99% des internautes connaissent au moins un réseau social. 77% y sont inscrits et l'on compte 1,6 million d'inscrits supplémentaires en un an

5 À trouver du travail

6 À s'informer sur l'actualité

7 À garder le contact avec ses amis

8 Vrai. Et ils y sont connectés à tout instant, en mobilité et même sur leur lieu de travail, souligne Médiamétrie.

9 Faux. Le phénomène concerne désormais presque toutes les tranches d'âge.

page 45

Production écrite

Proposition de corrigé : Je suis inscrite sur Linkedin depuis quelques années. Quand je l'ai découvert, j'ai trouvé cet outil très pratique pour garder contact avec mes anciens collègues. Mais jusqu'ici, cela ne m'a jamais permis de trouver de nouvelles opportunités d'emploi. Peut-être que cela viendra avec le temps. En effet, le phénomène des réseaux sociaux est encore trop récent.En revanche, je ne me suis jamais inscrite sur Facebook car cela me paraît être une perte de temps. Je trouve qu'on bavarde plus qu'on échange sur ce type de réseaux sociaux. En outre, quand on laisse des photos sur un réseau social, on ne sait pas où elles peuvent arriver : sur le bureau d'un recruteur ? Je préfère ne pas étaler ma vie privée sur Internet car cela peut avoir de graves conséquences.En conclusion, je pense que les réseaux sociaux peuvent être de très bons outils de travail ou d'organisation, mais je préfère la vie réelle pour partager des moments avec mes amis et ma famille.

unité 4

Dossier 1

page 46

Exercice 1

a. beau-frère – **b.** neveu – **c.** cousine – **d.** beau-père – **e.** grand-mère – **f.** tante – **g.** demi-frère

Exercice 2

femmes au foyer – rôles – progéniture – femmes – la famille – l'époux – séparation

page 47

Exercice 3

1. f – **2.** d – **3.** c – **4.** b – **5.** e – **6.** a – **7.** g

Exercice 4

mal – gorge – bouche – température – tousse – sirop

page 48

Exercice 5

a. des macarons

b. le nez

c. le médicament

d. le cœur

e. éternuer

Exercice 6

a. mieux – **b.** meilleure – **c.** Mieux – **d.** meilleurs – **e.** meilleures – **f.** meilleure – mieux – **g.** meilleur

Exercice 7

a. la plus vieille – **b.** les moins gourmandes – **c.** la plus généreuse – **d.** les moins originaux

page 49

Exercice 8

plus jeune – la meilleure – la plus brillante – plus de talent – les plus grandes – moins présente – moins de temps – le plus de plaisir

Exercice 9

a. tandis que

b. pourtant

c. Bien que

d. mais

e. malgré

f. alors que

g. En revanche

page 50

Exercice 10

malgré – Bien que – Pourtant – Même si

Exercice 11

a. Les grands-parents s'investissent de plus en plus dans l'éducation de leurs petits-enfants, cependant
→ **6.** ils doivent rester discrets et ne pas remplacer les parents.

b. Hannah se confie souvent à sa mère même si
→ **1.** elle ne lui dit pas tous ses secrets.

c. Malgré les progrès de la médecine,
→ **5.** il y a encore trop de mortalité infantile dans le monde.

d. Le taux de natalité des Françaises est très élevé au niveau européen alors qu'
→ **3.** elles n'ont que deux enfants en moyenne.

e. Il refuse de prendre ses médicaments, pourtant
→ **4.** il est très malade.

f. Bien qu'elle soit encore très jeune,
→ **2.** elle souhaite fonder une famille au plus vite.

Dossier 2

page 51

Exercice 1

a. Ce sont des copains inséparables depuis le lycée.
→ **2.** l'amitié

b. Jacques considère le travail de sa femme avec respect.
→ **4.** l'estime

c. Il ne ressent aucun sentiment.
→ **5.** l'indifférence

d. La tendresse que lui porte sa grand-mère est sans limites.
→ **1.** l'affection

e. Elle est très en colère contre Marc qui l'a quittée pour sa meilleure amie.
→ **6.** la haine

f. Laure et Abdel se sont fiancés dimanche dernier.
→ **3.** l'amour

g. Ils ressentent une forte attirance l'un envers l'autre.
→ **7.** le désir

Exercice 2

a. faible – – – **b.** égoïste – – – **c.** franc – + – **d.** grossier – – – **e.** lâche – –

page 52

Exercice 3

a. Viriginie – **b.** de Virginie – **c.** à Virginie – **d.** avec Virginie – **e.** à Virginie – **f.** avec Virginie – **g.** Virginie – **h.** avec Virginie – **i.** Virginie – **j.** de Virginie

Exercice 4

1. e – **2.** b – **3.** c – **4.** a – **5.** f – **6.** h – **7.** g – **8.** d

page 53

Exercice 5

a. sommes

b. sont

c. connaisse

d. puisse

e. vit

f. feront

g. se sent

h. ait

i. divorcerons

j. sont

Exercice 6

vont – est – dise – mente – fassent – veulent – suis

page 54

Exercice 7

a. qu'il veuille divorcer. – **b.** qu'il ne

sache pas exprimer ses sentiments. – **c.** qu'il est ridicule de dépenser une fortune pour une robe de mariée. – **d.** qu'Enzo soit le témoin de mariage d'Émilie. – **e.** qu'elle ait le cœur brisé. – **f.** qu'il sort avec Valentine depuis peu. – **g.** qu'elle vive le grand amour en ce moment

Exercice 8

a. Il semble que le PACS
→ **1.** ait de plus en plus de succès.

b. En ce qui me concerne,
→ **5.** la vie de couple n'est pas faite pour moi.

c. Je pense que la Saint-Valentin
→ **4.** est une fête trop commerciale.

d. Je ne suis pas certain que les sites de rencontres
→ **6.** permettent de rencontrer l'âme sœur.

e. Il est évident que la confiance
→ **2.** est nécessaire dans un couple.

f. Selon moi, dîner aux chandelles
→ **3.** est très romantique.

page 55

Phonie-graphie

a. eu – eu – eux – eu – eux – eux – **b.** eu – eue – eue – **c.** eue – œu – eux – **d.** eux – eux – eus – **e.** eu – eut – œu – eu

Détente

1 Il a des trous de mémoire.

2 Il ne se sent pas bien.

3 Elle est souvent de mauvaise humeur.

4 Il s'est évanoui.

5 Je suis déprimé.

page 56

Compréhension écrite

1 actualité de la recherche.

2 l'estime de soi – le narcissisme – la confiance en soi

3 Vrai. Ces mauvais humoristes seraient plus timides, voire dépressifs.

4 de rire de soi.

5 Vrai. Les personnes de bonne humeur et habitées d'une certaine joie de vivre seraient les plus aptes à rire d'elles-mêmes, et ainsi à accepter leurs travers et leurs faiblesses.

6 Faux. Au cours des premiers rendez-vous, l'homme aurait tendance à vouloir charmer la femme en essayant d'être drôle.

7 Une bonne blague.

8 Vrai. D'autres études suggèrent en effet que la satisfaction d'une relation de couple reposerait principalement sur l'appréciation réciproque de l'humour chez les deux partenaires au quotidien.

page 58

Production écrite

Proposition de corrigé : Aujourd'hui, Internet est le lieu de tous les échanges mais peut-on y rencontrer l'amour ? Certaines personnes vous diront qu'elles n'iront jamais sur Internet pour rencontrer l'âme sœur car elles ont besoin du contact humain. Ont-elles tort ou raison ? À mon avis, si l'on va sur Internet en quête du prince charmant, on aura peu de chance de le trouver. En effet, si l'on commence à chercher le prince charmant sur un site de rencontres spécialisé et que l'on a des critères très stricts, je trouve ça triste. Où passe la magie de la rencontre ? En revanche, si l'on a envie de rencontrer des gens, d'élargir son cercle d'amis, on est beaucoup plus réceptifs et on met finalement toutes les chances de son coté. Moi, c'est par le biais d'un chat que j'ai rencontré mon copain. Je me suis présentée telle que j'étais, et j'ai eu la chance de tomber sur quelqu'un qui faisait de même. Nous avons échangé nos numéros de téléphone et avons continué à faire connaissance. Après quelques conversations nous avons décidé de nous rencontrer. Pour conclure, si je pouvais donner un conseil, ce serait celui-ci : connectez-vous sur les chats pour vous amuser et discuter avec des gens comme vous le feriez dans la vie réelle, mais évitez de tomber amoureux d'un contact sans l'avoir vu. Selon moi, l'amour c'est pour la vie réelle, il ne peut pas exister sur le net.

unité 5

Dossier 1

page 59

Exercice 1

destination – tourisme de masse – visite – passer du temps – séjour – office du tourisme – demi-pension – pique-niques – balades

Exercice 2

a. le voyage « routard »
→ **6.** partir à l'aventure

b. la visite de sites archéologiques
→ **2.** faire un séjour culturel

c. le luxe
→ **7.** séjourner dans un hôtel 5 étoiles

d. un voyage en amoureux
→ **5.** partir en voyage de noces

e. un congrès professionnel
→ **3.** faire un voyage d'affaires

f. la traversée d'un océan
→ **4.** faire une croisière

g. une thalassothérapie
→ **1.** faire du tourisme bien-être

page 60

Exercice 3

a. Ce site antique a été découvert
→ **6.** par un archéologue qui étudiait la zone.

b. Quand j'étais petite,
→ **5.** mes parents m'ont emmenée au Canada.

c. Marie est arrivée en retard à l'aéroport
→ **2.** car il y avait eu un accident sur l'autoroute.

d. Je n'ai pas invité ma cousine
→ **1.** car elle m'avait dit qu'elle n'était pas libre.

e. Je n'ai pris qu'une semaine de congés
→ **8.** parce que mon chef avait besoin de moi au mois d'août.

f. J'ai dû m'acheter une nouvelle valise
→ **7.** parce que la mienne avait été perdue par la compagnie aérienne.

g. Il y a de plus en plus de touristes
→ **4.** depuis qu'une nouvelle ligne aérienne a été ouverte.

h. J'étais à la plage
→ **9.** quand vous êtes arrivés au camping.

i. J'ai prévu de partir en Bretagne
→ **3.** car j'ai besoin de me reposer.

Exercice 4

a. avais oublié – **b.** était déjà allé – **c.** avais dit – **d.** avions fait – **e.** ne s'était pas bien passé – **f.** avait prévu – **g.** s'était perdu – **h.** avais déjà faite

page 61

Exercice 5

suis partie – avais fait – étais – a particulièrement plu – ai vécu – suis arrivée – avait perdu – était restée – ai dû – n'avait pas été – n'y avait plus – ai cherché – ai rencontré – ont aidée – avais prévu – avait eu – étaient – ai quand même passé – ai découvert – suis revenue

page 62

Exercice 6

a. hier.

b. Aujourd'hui

c. le surlendemain.

d. la semaine prochaine.

e. L'année précédente

f. Ce jour-là

g. la veille.

h. demain.

page 63

Exercice 7

ce jour-là – Chaque année – le lendemain – la veille – l'année d'avant – l'année suivante – ce moment-là – Demain – la semaine prochaine

Dossier 2

page 63

Exercice 1

Le train – un aller-retour – les tarifs – le covoiturage – un trajet – le véhicule – l'essence – la correspondance – l'heure de départ

page 64

Exercice 2

a. prendre le train en marche :
→ **5.** participer à un projet qui a déjà commencé

b. avoir un train de retard :
→ **4.** ne pas être au courant de quelque chose de connu

c. aller à un train d'enfer :
→ **7.** se déplacer à une allure très rapide

d. un boute-en-train :
→ **6.** quelqu'un qui amuse les autres

e. aller bon train :
→ **1.** avancer vite

f. le train-train quotidien :
→ **3.** la routine

g. mener grand train :
→ **2.** avoir une vie luxueuse

page 65

Exercice 3

a. Je pars aux États-Unis
→ **7.** pour trois mois.

b. Je n'ai pas pris de congés
→ **2.** depuis deux ans.

c. J'ai réussi à faire le voyage
→ **4.** en moins de trois heures.

d. Je me dépêche, je suis là
→ **1.** dans cinq minutes.

e. J'ai vécu à Dubaï
→ **6.** pendant dix ans.

f. Mes parents me laisseront voyager seul
→ **8.** quand j'aurai 18 ans.

g. Pour avoir un tarif plus intéressant,
→ **5.** il a acheté son billet un mois à l'avance.

h. C'est l'homme le plus heureux du monde
→ **3.** depuis qu'il voyage pour son travail.

Exercice 4

a. depuis que – **b.** depuis – **c.** depuis

que – **d.** Il y a – **e.** depuis – **f.** il y a – **g.** il y a

page 66

Exercice 5

depuis qu' – en – il y a – dans – il y a – pour – pendant – depuis

Exercice 6

a. avant – **b.** après – **c.** après qu' – **d.** avant que – **e.** avant de – **f.** après – **g.** avant d' – **h.** après

page 67

Exercice 7

a. aussitôt qu'

b. Au moment où

c. Une fois que

d. dès que

e. pendant que

f. après que

g. jusqu'à ce que

h. avant que

i. en attendant

Exercice 8

a. ai acheté – **b.** a obtenu – **c.** ont appelé – **d.** partait – **e.** soyez – **f.** faire – **g.** sauras – **h.** conduisait – **i.** avoir fait

page 68

Phonie-graphie

a. oin – ein – ain – ain – **b.** in – in – oin – **c.** un – ain – ein – **d.** ain – ain – in – in – **e.** im – yn – ain – **f.** aim – in – ain – **g.** un – aim – ain – in – oin

Détente

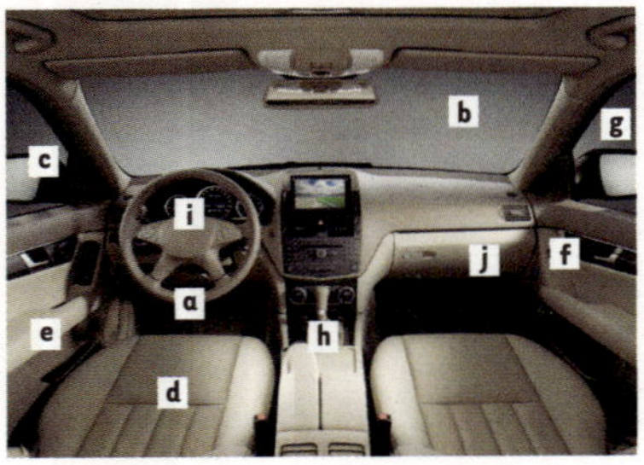

page 69

Compréhension écrite

1 des transports en ville.

2 analysé une série de sondages.

3 après l'insécurité.

4 Le stationnement.

La pollution.

La sécurité routière.

5 Vrai. S'ils reconnaissent la nécessité de prendre des mesures contre la pollution, ils ne sont pas prêts à en payer le prix.

6 Faux. Ils admettent que les transports publics s'améliorent, sont d'accord pour faciliter l'usage du vélo, mais continuent à préférer leur voiture.

7 plus souvent leur véhicule.

8 de la pollution.

des risques d'accidents.

page 71

Production écrite

Proposition de corrigé : Salut Bruno, Tu en as de la chance d'être en vacances ! Moi je dois encore attendre un mois et demi avant de pouvoir partir. Alors, comme tu n'as pas de projet, je te proposerais de partir sur la côte atlantique française. Moi, je préfère de loin l'océan à la mer et j'adore passer mes vacances sur la côte qui se trouve entre la frontière espagnole et les Landes. Il y fait très beau entre le mois de mai et le mois d'octobre et les plages sont immenses. Il y a beaucoup de vagues alors on peut faire du surf, ou tout simplement se baigner, c'est très rigolo. Près des plages, il y a des forêts de pins très belles dans lesquelles on peut faire des balades, des pique-niques ou encore des jeux si on a des enfants. Si tu aimes sortir, tu peux aller à Bayonne ou Biarritz, ce sont des villes très animées le soir : tu pourras aller en boîte, aller au ciné ou simplement te promener dans les vieux quartiers. Voilà mon conseil ! Je te souhaite de très bonnes vacances. Judith

unité 6

Dossier 1

page 72

Exercice 1

a. faire des économies
→ **1.** dépenser de l'argent

b. emprunter de l'argent
→ **5.** prêter de l'argent

c. payer à crédit
→ **2.** payer comptant

d. payer par chèque
→ **3.** payer en liquide

e. gagner de l'argent
→ **4.** perdre de l'argent

Exercice 2

a. =

b. ≠

c. =

d. =

e. ≠

Exercice 3

producteur – groupe de consommateurs – production – fruits et légumes – produits – intermédiaires – coût – salaire – système – consommateurs – supermarché

page 73

Exercice 4

a. allais – **b.** souhaiteriez – **c.** serai – **d.** ferais – **e.** faisais – **f.** saurai – **g.** devais – **h.** pourrait – **i.** aimerais

Exercice 5

aurait été – aurais été – aurais passé – serais allée – aurais essayé – me serais demandé – aurais craqué – n'aurait plus supporté – aurait dit – aurait construit – aurions eus

page 74

Exercice 6

a. Si on prenait plus les transports en commun,
→ **4.** on consommerait moins de pétrole.

b. Si vous venez tôt le matin,
→ **8.** vous n'aurez pas à faire la queue.

c. Si nous avions eu plus d'argent,
→ **2.** nous n'aurions pas eu à emprunter autant.

d. Si j'avais su que c'était aussi cher,
→ **1.** je ne serais pas venu.

e. Si tu veux faire une bonne affaire,
→ **6.** renseigne-toi avant sur Internet.

f. Si tu achetais moins,
→ **7.** tu gaspillerais moins.

g. Si nous étions partis plus tôt,
→ **3.** nous ne serions pas tombés dans les embouteillages.

h. Si tu en as envie,
→ **5.** prends une glace au chocolat.

Exercice 7

a. j'étais

b. avait fait

c. t'étais couché

d. dois

e. serions

f. pourrais

g. aurions pu

h. n'as pas

i. pourrait

page 75

Exercice 8

a. allions – **b.** faisait – **c.** n'aurais pas acheté – **d.** faudra – **e.** pourrions – **f.** se préoccupait – **g.** ne serait pas

Exercice 9

a. au cas où – **b.** à condition que – **c.** à condition d' – **d.** en cas de – **e.** En supposant qu' – **f.** À moins d' – **g.** seulement si – **h.** à moins que

Dossier 2

page 76

Exercice 1

a. la boxe – **b.** la plongée sous-marine – **c.** l'escalade – **d.** le poker – **e.** le chant lyrique – **f.** le tai chi chuan

page 77

Exercice 2

a. Depuis peu, je me suis pris de passion
→ **6.** pour la natation.

b. Je m'amuse énormément
→ **3.** en jouant aux cartes avec mes petits cousins.

c. Le rugby est un sport qui
→ **5.** me distrait, mais à la télé.

d. Depuis que je suis à la retraite, je m'intéresse
→ **1.** au golf.

e. Je pratique régulièrement
→ **4.** la course à pied.

f. Je raffole
→ **2.** des pique-niques en forêt.

Exercice 3

a. Tu ne veux vraiment pas m'accompagner à la fête d'Hugo ?
→ **1.** Bon d'accord, si tu en as vraiment envie,
je viens avec toi.

b. Combien de stylos as-tu achetés ?
→ **2.** J'en ai acheté une dizaine.

c. Est-ce que tu as pris assez de boissons pour la fête ?
→ **3.** Je crois même que j'en ai acheté trop.

d. Tu es allé récemment aux États-Unis ?
→ **8.** Oui, justement, j'en reviens.

e. Tu iras à Paris cet été ?
→ **5.** Non, je ne veux pas y aller.

f. Tu veux encore des pâtes ?
→ **6.** Oh non, je n'en veux plus.

g. Tu te rends compte que tu travailles trop ?
→ **7.** Oh oui, je n'en peux plus.

h. Tu peux me prêter de l'argent ?
→ **4.** N'y pense même pas.

page 78

Exercice 4

a. Qu'est-ce que je peux en faire ?

b. J'ai envie d'y aller.

c. J'en suis très fière.

d. J'en ai fait dix, je suis très fatigué.

e. Je vais y participer.

f. J'en ai pris plusieurs, ça t'intéresse ?

g. Y as-tu réfléchis ?

h. Qu'en penses-tu ?

i. J'en ai besoin pour l'entraînement.

Exercice 5

Je n' ai pas l'intention d' en faire partie.

Je ne pense pas que j' y resterai très longtemps.

Pourquoi ne m' en as- tu pas parlé avant ?

Je n' aurais jamais dû en acheter.

Nous nous y sommes promenés hier.

Il n' imagine pas y renoncer.

Je n' en ai pris aucun.

Je n' y étais pas vraiment favorable.

page 79

Exercice 6

a. Elle pense souvent à elle.

b. Les sportifs disent rarement du mal d'eux.

c. J'y tiens beaucoup.

d. Ce joueur à trop souvent affaire à eux pour des problèmes disciplinaires.

e. Nous devons vraiment y croire pour réussir.

f. J'ai besoin d'elles pour former une équipe de poussins.

g. Il n'en a pas douté un seul instant.

h. Il n'a été question que de lui pendant les Jeux olympiques.

page 80

Exercice 7

en – y – leur – en – leur – leur – les – y – le – en – y – les – leur – en – y

Exercice 8

a. Eh bien, ne les donne pas ! – **b.** Eh bien, ne leur parle pas ! – **c.** Eh bien, n'en fais pas ! – **d.** Eh bien, ne t'y intéresse pas ! – **e.** Eh bien, n'en rêve pas ! – **f.** Eh bien, ne l'appelle pas ! – **g.** Eh bien, ne t'y habitue pas ! – **h.** Eh bien, ne lui vends rien !

page 81

Phonie-graphie

a. on – on – ons – eons – on – on – on – on – **b.** on – on – on – ong – om – on – on – **c.** ont – om – on – **d.** ons – on – ond – **e.** on – un – on – on

page 82

Détente

X	P	K	X	Y	O	I	G	X	R	L	K	E	**A**	**R**	**G**	**E**	**N**	**T**	N
Q	B	**E**	**M**	**P**	**R**	**U**	**N**	**T**	A	X	S	M	T	K	G	W	S	F	T
E	J	V	**C**	P	E	A	N	B	P	G	Ç	N	A	T	R	O	D	A	W
W	A	Ç	**R**	W	C	U	O	F	E	C	H	M	J	L	Z	H	K	S	S
B	W	U	**E**	Ç	P	L	X	V	S	Q	T	M	Y	Ç	U	Z	F	B	B
W	O	M	**D**	D	**E**	**S**	**P**	**E**	**C**	**E**	**S**	N	F	Q	Z	Ç	H	Y	W
R	S	T	**I**	K	J	N	E	Y	Ç	W	H	T	N	F	O	V	Q	B	U
F	V	G	**T**	Ç	S	L	T	D	Y	J	U	I	J	P	Z	V	Y	H	O
R	O	U	X	Q	Z	S	B	X	B	E	**P**	G	P	W	F	K	F	H	T
R	N	C	R	N	U	C	M	B	Y	J	**I**	O	D	B	S	O	C	R	N
J	G	A	V	Y	**C**	I	L	**V**	**I**	**R**	**E**	**M**	**E**	**N**	**T**	D	I	H	D
B	T	K	D	Z	**H**	A	A	A	W	Q	**C**	Ç	J	Z	E	R	Ç	Q	G
B	**B**	**I**	**L**	**L**	**E**	**T**	Q	H	K	E	**E**	P	N	E	Ç	A	K	K	M
U	Y	O	J	U	**Q**	M	Ç	X	Y	T	R	Z	L	V	D	F	F	Z	Ç
H	M	K	Q	J	**U**	L	X	I	X	G	Q	N	E	T	A	O	N	E	M
Ç	V	N	R	M	**E**	H	B	M	Y	E	X	C	J	B	W	U	T	W	J
Q	H	E	Y	X	K	W	F	Y	G	O	S	W	X	U	G	V	Ç	P	F
Y	C	U	G	I	Q	D	H	S	L	J	R	E	Z	I	A	C	X	T	Q
M	S	A	**L**	**I**	**Q**	**U**	**I**	**D**	**E**	**M**	**O**	**N**	**N**	**A**	**I**	**E**	C	V	G
E	G	W	H	S	B	Z	A	M	D	K	Ç	I	C	D	A	P	K	V	S

page 83

Compréhension écrite

1 de nous informer sur les cantines scolaires.

2 goûter aux produits proposés par des producteurs.

Les visiteurs ont pu apprécier la qualité des produits.

3 Faux. Cette première rencontre est un réel succès.

4 Faux. Cette exposition voulait informer sur la très grande qualité de la restauration scolaire du 5e.

5 pour produire de la viande.

6 une passion.

7 visiter une exposition sur l'agriculture.

page 85

Production écrite

Proposition de corrigé : Je pratique la natation depuis que je suis toute petite. En fait, j'ai appris à nager quand j'allais à la piscine avec ma classe à l'école primaire. Nous y allions deux fois par mois. Ensuite j'ai arrêté ce sport pour en faire d'autres. Mais ces dernières années, j'avais très mal au dos car je travaille devant l'ordinateur. Je suis toujours assise dans la même position et au bout d'un moment j'avais des contractures partout et de grandes douleurs dans les épaules. On m'a conseillé d'aller nager. Je me suis inscrite à nouveau à la piscine, mais je n'arrivais pas à me discipliner pour y aller régulièrement. Je me suis donc inscrite au club de natation pour suivre des cours. Le fait d'avoir un cours trois fois par semaine m'obligeait à aller nager. C'est plus sympa car nous sommes plusieurs élèves. Et puis c'est un peu ennuyeux de nager, alors qu'en cours le moniteur nous dit ce que nous devons faire, et il nous donne des conseils pour nous perfectionner dans les quatre nages.Maintenant, je n'ai plus mal au dos et je me suis fait de nouveaux amis.

unité 7

page 86

Dossier 1

Exercice 1

a. le diplôme

b. vert

c. la dictature

d. l'hymne national

e. la solidarité

Exercice 2

régime – président – État – Constitution – Premier ministre – gouvernement – Conseil des ministres – Élysée

Exercice 3

a. La Marseillaise

b. de l'Assemblée nationale

c. La liberté

d. laïque

e. exécutif

f. contrôle

g. La Constitution

h. les maires

i. un droit

j. Marianne

page 87

Exercice 4

a. la manifestation – **b.** le vote – **c.** la réforme – **d.** le refus – **e.** l'élection – **f.** la décision – **g.** la discussion

Exercice 5

1. b. – **2.** e. – **3.** f. – **4.** a. – **5.** d. – **6.** c.

page 88

Exercice 6

a. toutes – **b.** tout – **c.** toutes – **d.** toute – **e.** tous – **f.** tout – **g.** tous – **h.** toute

Exercice 7

a. Quelques

b. Personne

c. certaines

d. aucune

e. plusieurs

f. chaque

g. rien

h. Nul

i. Tout

Exercice 8

a. Personne n'est venu à la réunion

b. Il n'a rencontré aucun candidat

c. Je n'ai rien oublié

d. Elle ne connaît personne au Parlement

e. Aucun député n'a voté la loi

f. Rien n'est possible

g. Le ministre n'a informé personne.

h. Il n'a rien remarqué d'anormal

page 89

Exercice 9

quelqu'un – certaines – aucun – personne – tout – certains – d'autres – n'importe qui

Dossier 2

page 90

Exercice 1

arrêté – commis – procédé – contrôlé – dressé – mis – porté

Exercice 2

a. en droit

b. ne respectent pas le droit

c. faire valoir leurs droits

d. tous les droits

e. privé de son droit

f. droit

page 91

Exercice 3

a. ayant – **b.** connaissant – **c.** aimant – **d.** pouvant – **e.** étant – **f.** sachant

Exercice 4

a. Tous les magistrats faisant partie d'un syndicat

b. Les avocats plaidant depuis moins de 2 ans

c. un diamant appartenant à la reine Élisabeth

d. N'ayant pas reçu les documents nécessaires

e. Toutes les personnes disposant d'un permis de conduire étranger

f. Les prisonniers étant en fin de peine

page 92

Exercice 5

a. Simultanéité

b. Manière

c. Condition

d. Manière

e. Condition

f. Simultanéité

g. Manière

Exercice 6

a. en pleurant – **b.** s'exprimant – **c.** en faisant – **d.** Sachant – **e.** en suivant – **f.** En choisissant – **g.** ayant – **h.** en le frappant

page 93

Exercice 7

a. laquelle – **b.** auquel – **c.** desquelles – **d.** auxquelles – **e.** lesquels – **f.** duquel – **g.** auxquels – **h.** laquelle

Exercice 8

dont – à qui – auquel – dont – auquel – duquel – auquel – duquel – de qui

page 94

Phonie-graphie

a. ean – ant – ent – en – **b.** em – ent – and – en – ent – an – aen – **c.** ant – am – en – am – **d.** an – eant – ant – ent – **e.** ant – ent – em – emps – **f.** en – ean – an – ant – **g.** aon – an – emps

page 95

Détente

L'État :
république – **dé**mocratie – **con**stitution

– **gou**vernement – **par**lementaire

L'engagement :
citoyenneté – **ma**nifestation – **so**lidarité – **mi**litantisme

Les forces de l'ordre :
commissariat – **gen**darmerie – **dé**position – **ar**restation – **lé**galité

page 96

Compréhension écrite

1 d'informer sur l'engagement des Parisiens.

2 Vrai. En 2011, l'Année européenne du bénévolat a mis en lumière l'action de nombreux volontaires.

3 Vrai. 80 % de ses volontaires ont une activité professionnelle.

4 Faux. En Île-de-France, 2 200 personnes sont ainsi prêtes à mettre ponctuellement leurs compétences au service d'associations de solidarité.

5 Vrai.

6 sortir les personnes âgées de la solitude.

7 grâce à Internet.

8 de leurs goûts communs.

de leur domicile.

page 98

Production écrite

Proposition de corrigé : Madame, monsieur,J'ai lu votre annonce et j'aimerais participer à vos initiatives. Je vis à Paris, dans le 19e arrondissement.J'aimerais beaucoup participer à des projets favorisant le lien social car je trouve que notre société est de plus en plus individualiste et moi-même, je me suis senti très seul quand je suis venu m'installer à Paris pour mon travail. J'ai donc fait l'expérience de la solitude et je voudrais faire quelque chose pour que moins de gens soient touchés par ce problème.Je suis informaticien et je peux donc aider des gens à s'initier à l'informatique, à Internet... Je peux montrer comment créer un site Internet, je peux également informer des risques qui existent quand on surfe sur le web. Par ailleurs, je suis disposé à rendre visite à des gens pour discuter, échanger, faire des activités diverses : j'aime le cinéma et les expositions de peinture.Je travaille essentiellement de 8 h à 15 h, sauf quand je dois faire des voyages d'affaires, mais ce n'est pas très fréquent. Je suis donc disponible l'après-midi à partir de 17 h. Cordialement,Isham Tarik

unité 8

page 99

Dossier 1

Exercice 1

a. Le ballet → **1.** la danse
b. La séance → **4.** le cinéma
c. La pièce → **6.** le théâtre
d. Le numéro → **5.** le cirque
e. Le concert → **2.** la musique
f. Le récital → **3.** le chant

Exercice 2

a. le réalisateur
b. le public
c. le roman
d. le tableau
e. le dessin
f. le festival
g. la critique
h. la marionnette
i. l'atelier

page 100

Exercice 3

a. Faux
b. Faux
c. Vrai
d. Vrai
e. Vrai
f. Faux
g. Faux
h. Vrai
i. Vrai

Exercice 4

a. +
b. +
c. -
d. -
e. -
f. +
g. -
h. +

page 101

Exercice 5

a. Il m'a dit qu'il prenait des cours de calligraphie au centre culturel japonais.

c. Sophie m'a dit qu'elle avait appelé sa galerie Vantooz'Art.

d. Je racontais à Paul ce qu'on avait pensé du concert.

g. Elle m'a demandé si cela valait la peine de visiter les jardins du château de Versailles.

Exercice 6

a. a annoncé – **b.** ai indiqué –**c.** a rappelé – **d.** a précisé – **e.** a avoué

Exercice 7

a. avais vu
b. allaient
venir
c. commençait
d. tournerait
e. étaient allés
était

page 102

Exercice 8

a. Il a dit que ce livre était remarquable. – **b.** Il a dit que c'était un film sans intérêt. – **c.** Il a dit qu'il avait acheté le dernier CD d'Olivia Ruiz. – **d.** Elle a dit qu'elle chanterait dans une chorale. – **e.** Elle a dit qu'elle aurait aimé être danseuse. – **f.** Elle a dit qu'elle devait répéter avant le spectacle.

page 103

Exercice 9

a. qu'il n'avait plus d'inspiration.

b. que sa prochaine création changerait la vie des gens.

c. qu'il voulait faire un film d'animation en 3D.

d. d'aller au salon de l'art contemporain.

e. qu'il avait créé des vêtements indémodables.

f. de ne pas prendre de photos.

g. qu'il avait vu tous les films de François Truffaut.

Exercice 10

a. si je collaborais à des projets artistiques actuellement.

b. si j'avais déjà entendu parler du groupe Manoleto.

c. quels clips de ce groupe je connaissais.

d. ce que je préférais comme style de musique.

e. si je serais libre pour le tournage les 2 et 3 avril.

f. si un salaire de 250 euros me convenait pour les deux jours de travail.

page 104

Exercice 11

aimes – préfère – serais – connais – aura – dois – est – aura – irons – pourras

Dossier 2

page 105

Exercice 1

a. Notre-Dame de Paris
→ **5.** une cathédrale

b. Les arènes de Nîmes
→ **1.** des vestiges romains

c. Montparnasse
→ **6.** une tour

d. Guédelon
→ **3.** un château fort

e. Le Centre Pompidou
→ **4.** un musée d'Art moderne

f. Le Louvre
→ **2.** un ancien palais royal

Exercice 2

a. le général
b. la bataille
c. la rose
d. le pont
e. la démocratie
f. la paix
g. la République

Exercice 3

a. l'architecte

b. restaurer

c. un monument

e. le pont-levis

f. la grève

g. une période

page 106

Exercice 4

a. Mai 68
→ **5.** L'Époque contemporaine

b. Le procès de Jeanne d'Arc
→ **1.** Le Moyen Âge

c. L'édification des pyramides en Égypte
→ **3.** L'Antiquité

d. La chute du mur de Berlin
→ **6.** L'Époque contemporaine

e. La fondation de Rome
→ **4.** L'Antiquité

f. La construction des cathédrales
→ **2.** Le Moyen Âge

Exercice 5

j'ai eu – j'eus – tu as pris – tu pris – elle est allée – elle alla – on a commencé – on commença – nous avons connu – nous connûmes – vous avez reçu – vous reçûtes – ils ont su – ils surent – j'ai voulu – je voulus – tu as dormi – tu dormis – elle a dit – elle dit – nous sommes partis – nous partîmes – vous avez vécu – vous vécûtes – ils sont sortis – ils sortirent

page 107

Exercice 6

est née – a été – a épousé – est devenue – a eu – a mené – a organisé – s'est fait – a été – est restée – ont surnommé – s'est retrouvée – a dû – ont été – a été

Exercice 7

a. s'imposa – durent – **b.** furent – fit – **c.** régna – symbolisa – **d.** tomba – **e.** devint – **f.** établit – **g.** votèrent – fut

page 108

Exercice 8

en – en – à – en – dans – par – pour – dans – sur – dans – en – au – de

page 109

Phonie-graphie

a. eaux – op – ô – **b.** o – o – aux – eau – aux – **c.** aut – au – eau – o – o – **d.** aux – o – o – au – **e.** au – o – ô

Détente

M	**O**	**N**	**U**	**M**	**E**	**N**	**T**	O	L
F	**R**	G	E	L	I	C	E	**C**	P
P	**C**	E	L	A	B	**P**	**A**	**I**	H
C	**H**	**A**	**T**	**E**	**A**	**U**	I	**R**	I
S	**E**	**O**	R	C	E	**B**	S	**Q**	**T**
O	**S**	P	**T**	J	U	**L**	A	**U**	**P**
L	**T**	R	H	**O**	F	**I**	B	**E**	**E**
T	**R**	O	E	L	D	**C**	E	O	**I**
O	**E**	**U**	**V**	**R**	**E**	R	L	L	**N**
E	L	O	D	I	E	B	L	X	**T**
M	A	R	I	O	N	P	E	I	**R**
E	**R**	**I**	**O**	**T**	**S**	**I**	**H**	U	**E**

page 110

Compréhension écrite

1 Culture

2 Négative

3 Vrai

4 L'actualité
Le documentaire
L'histoire
Le reportage

5 Un prix décerné au festival de la BD d'Angoulême.

6 L'album se vend bien.

7 Faux. Étienne Davodeau ne se considère pas pour autant comme un journaliste.

8 Vrai. Dans tous les cas, le phénomène séduit un large public « parce que les auteurs font transparaître leur sensibilité et que ça crée une intimité qui nous oblige à mieux réfléchir à leurs propos », ajoute Éric.

page 112

Production écrite

Proposition de corrigé : Chère Sylvia,Hier soir, nous avons assisté à une représentation de *L'Avare* de Molière et nous avons passé une merveilleuse soirée en famille. Le spectacle était drôle et émouvant.Je vais rarement au théâtre mais je crois que je devrais y aller plus souvent. J'ai adoré cette pièce et ri de bon cœur (et je n'étais pas la seule !). Les comédiens étaient tous époustouflants ; c'est une petite troupe de Lyon vraiment sensationnelle avec une mention toute particulière à l'acteur qui jouait Harpagon, plus vrai que nature !! Si tu n'as pas encore vu la pièce, cours la voir au Théâtre des Deux Rives. On la joue jusqu'à la fin du mois. Tu passeras un très, très bon moment ! Tes enfants adoreront aussi.La mise en scène et les costumes étaient tout simplement géniaux. Bref, tu l'as compris, nous avons adoré ce spectacle. Nous nous sommes promis de retourner au théâtre plus souvent. Une grosse bise et à très bientôt,Lucie.

unité 9

Dossier 1

page 113

Exercice 1

a. La liberté de circulation des personnes, des biens, des services et des capitaux dans l'UE.

b. un fonctionnaire européen.

c. Un acte juridique européen.

d. une modification apportée à un projet de loi.

e. une réunion entre chefs d'États européens.

page 114

Exercice 2

a. bleu

b. l'hémicycle

c. les députés

d. la législation

e. le financement

f. la monnaie

g. des personnes

h. écrit – oral

i. la devise

Exercice 3

citoyen – fonctionnaire européen – langues officielles – traducteurs – politiques – économique

page 115

Exercice 4

a. Puisque

b. grâce au

c. Étant donné que

d. À cause des

e. Vu que

f. parce qu'

Exercice 5

a. Grâce à l'invitation de Pierre – **b.** À cause de l'absence de l'interprète – **c.** À cause de la grève des transports – **d.** Grâce aux subventions de l'UE – **e.** À cause de l'intervention d'un agent de sécurité – **f.** Grâce à ses révisions jour et nuit

page 116

Exercice 6

a. Les députés européens votent grâce à un système électronique,
→ **4.** par conséquent c'est plus fiable.

b. La réforme de la PAC ne satisfait pas ces agriculteurs,
→ **3.** du coup ils manifestent.

c. Les députés européens ne pourraient pas suivre les débats sans l'interprétation,
→ **2.** c'est pourquoi elle est de grande qualité.

d. Les écologistes ont pu parler avec un Commissaire en charge de l'agriculture,
→ **1.** alors ils auront une réponse rapide.

Exercice 7

a. Le député a tellement mangé qu'

b. Il y a tellement de vent que

c. Bruxelles est tellement loin que

d. Elle est tellement compétente que

e. Il a tellement neigé cette nuit que

f. Ce règlement est tellement strict qu'

g. Ce projet de loi était tellement important qu'

page 117

Exercice 8

a. puisque – **b.** grâce à – **c.** parce que – **d.** à cause de – **e.** tellement – **f.** par conséquent

Dossier 2

page 117

Exercice 1

a. l'OTAN
→ **2.** assure la défense militaire des pays qu'elle réunit.

b. l'UNESCO
→ **3.** fait la promotion des sciences et de l'éducation pour contribuer au maintien de la paix.

c. l'OMS
→ **4.** mène des actions pour la santé publique.

d. le FMI
→ **1.** a pour but de garantir la stabilité financière des pays.

e. l'ONU
→ **6.** regroupe presque tous les États du monde dans le but de maintenir la paix mondiale.

f. l'OIF
→ **5.** regroupe 75 pays membres qui ont en commun la langue française.

page 118

Exercice 2

a. l'essor

b. populaire

c. immigrer

d. la stagnation

e. l'enrichissement

f. le consommateur

Exercice 3

a. la – l' – **b.** leur – les – **c.** l' – **d.** y – **e.** en – **f.** le – **g.** lui

Exercice 4

Il le lui a dit.

Je l' y ai emmené.

Elles leur en ont donné un.

Vous les y avez accompagnés.

Je t' en rapporterai.

Nous ne lui en avons pas parlé.

Tu ne les lui a pas encore demandés ?

page 119

Exercice 5

a. Il le leur enseigne.

b. Elle leur en parle souvent.

c. Il ne me l'a pas rendu.

d. Elle voudrait les leur transmettre.

e. Je vais la lui demander.

f. Nous les y avons rencontrés.

g. Je ne te l'ai pas demandée !

h. Il me l'a expliqué.

page 120

Exercice 6

a. elle le lui a dit.

b. cet homme les y a déplacés.

c. je ne peux pas te l'expliquer.

d. la banque européenne ne leur en a pas prêté.

e. je lui en ai envoyé.

page 121

Phonie-graphie

a. s – ss – x – **b.** s – x – ç – c – **c.** c – ss – s – s – s – ss – s – **d.** t – c – ss – t – c – c – **e.** ç – t – ss – sc – **f.** c – c – ss – ç – ss

Détente

a. MARCH**É** – **b. C**ONCURRENC**E** – **c. R**ESSOURCE**S** – **d. S**OMME**T** – **e. I**NTERPRÈT**E** – **f. C**ROISSANC**E** – **g. R**ENTABILIT**É** – **h. M**ONDIALISATIO**N**

page 122

Compréhension écrite

1 une interview.

2 1700.

3 Vrai. Bref, il y a eu des meubles Louis XV de l'Atlantique à l'Oural...

4 Faux. Pour revenir à aujourd'hui, IKEA, c'est une offre parmi d'autres.

5 l'agencer à sa manière

6 l'histoire personnelle

les goûts

les besoins

page 124

Production écrite

Proposition de corrigé : Les entreprises délocalisent depuis longtemps pour réduire leurs coûts de production, et ceux qui prennent ce type de décision ne s'intéressent pas vraiment à la question des travailleurs ou des conséquences de la délocalisation sur l'emploi local. D'ailleurs, si c'est moins cher de fabriquer dans certains pays, c'est aussi souvent parce que les conditions de travail y sont très mauvaises et parce que les employés reçoivent des salaires très bas. Et quand les entreprises relocalisent, elles abandonnent des villes ou des régions et ne se soucient pas plus des travailleurs qu'elles abandonnent pour relocaliser. Je pense que les processus de délocalisation d'usines devraient être régulés par l'État car, quand une entreprise délocalise, le chômage augmente et c'est l'État qui doit prendre le relai avec les aides sociales pour que les gens qui ont été licenciés puissent survivre. En ce qui concerne la relocalisation, c'est évident qu'il faut relocaliser car le pétrole devient de plus en plus rare et nous ne pouvons pas nous permettre d'acheter des produits qui viennent de très loin. Pour moi, il faut relocaliser, mais avant tout, il ne faut pas délocaliser.

Principe de couverture : Christian Dubuis-Santini © Agence Mercure
Déclinaison de la maquette et mise en page : Isabelle Aubourg
Relecture critique du manuscrit : Cécile Rouquette

Références des crédits photographiques : p. 23 Louis Debraize – **p. 68** Kayros Studio-Fotolia.com.
Références des textes : p. 13 : « Un jardin pour les citadins "un regard sur la nature pour rappeler ce qu'elle est" », Arnaud Boisteau, 07/02/2012 © *20 Minutes*. **p. 29 :** Xavier de la Véga, « Travail ou retraite, il faut choisir ! » © *Sciences Humaines*, n° 223, février 2011. **p. 43 :** « Huit Français sur dix fréquentent les réseaux sociaux », Le Monde.fr avec AFP, 19/07/2012 © *Le Monde*. **p. 56 :** Héloïse Junier, « L'Humour ? Oui, mais le bon ! », © *Sciences Humaines*, n° 233, janvier 2012. **p. 69 :** Échos des recherches, « Mobilité urbaine : qu'en pensent les Français ? », © *Sciences Humaines*, n° 128, juin 2002. **p. 83 :** « Le bon choix du bio », *Le journal du Cinquième*, printemps 2012, n° 68, © Mairie de Paris, 5e. **p. 96 :** « Les nouveaux visages de la solidarité », *À Paris,* hiver 2011-2012, pp. 6-7, © Mairie de Paris. **p. 110 :** « La bande dessinée abandonne de plus en plus la pure fiction au profit de l'actualité... », Olivier Mimran, 28/02/2012 © *20 Minutes*. **p. 122 :** © FemininBio.com (http://www.femininbio.com/gestes-ecolos-au-quotidien/conomie-humaine/interview-de-pierre-deyries-ikea-f-3.html).